FABLES
ET
POÉSIES DIVERSES

PAR

VICTOR DELERUE

MEMBRE DE LA SOCIÉTÉ IMPÉRIALE DES SCIENCES, DE L'AGRICULTURE
ET DES ARTS DE LILLE.

LILLE
IMPRIMERIE DE L. DANEL.

1863.

FABLES

ET

POÉSIES DIVERSES.

FABLES

ET

POÉSIES DIVERSES,

PAR

VICTOR DELERUE

MEMBRE DE LA SOCIÉTÉ IMPÉRIALE DES SCIENCES, DE L'AGRICULTURE
ET DES ARTS DE LILLE.

LILLE,
IMPRIMERIE DE L. DANEL.
1863.

FABLES.

LIVRE V.

FABLES.

PROLOGUE

POUR MON NOUVEAU RECUEIL.

  Comme une coquette aguerrie,
Aux dons de la nature ajoute ceux de l'art,
Ici met une fleur, là quelque peu de fard,
Couvre son sein de gaze ou bien de broderie
Et semble ne devoir sa beauté qu'au hasard ;
  Ainsi l'aimable allégorie
  Aux attraits, aux charmes divers,
  Qui forment son propre apanage,

Met coquettement dans ses vers
Tous les ornements du langage.
Ici la métaphore, écrin riche et nombreux
Dont tous les mots sous la main du poète,
Diamants taillés à facette,
Éblouit nos regards par l'éclat de ses feux.
Heureux effet de l'art et du caprice,
Là, c'est l'adroite allusion
Qui dans un beau récit de son invention
D'un séduisant mensonge employant l'artifice,
Cache une vérité sous le masque propice
De la brillante fiction;
Parfois c'est la satire au brillant badinage,
Dérobant son fouet, prenant un doux visage
Et décochant sa flèche avec un si grand art
Que l'homme atteint ne sait souvent d'où le coup part.
Parfois c'est une comédie
Aux naïfs et simples ressorts,
Ou bien c'est une tragédie
Avec ses funèbres décors;
Tantôt à la verte campagne
Le fabuliste emprunte ses couleurs,
C'est un ruisseau descendant la montagne
Sur un tapis tout émaillé de fleurs;
C'est un nombre infini d'acteurs
Tous différents de forme et de nature,
Qu'il met en scène avec art et mesure,
Qu'il fait agir, parler, pour nous rendre meilleurs.

Voilà pourquoi, sans doute, on nous dit que la fable
Renferme un fonds inépuisable
De morale et d'enseignement,
Que tout dans la nature humaine

Est du ressort de son domaine
Tout, la terre et le firmament!!!
Eh bien! moi dans ces champs si vastes, si superbes
Qu'au sceptre de la fable un poëte a conquis,
Où d'autres ont lié de si nombreuses gerbes,
J'ai peine à ramasser quelques maigres épis,
Des meilleurs de leurs grains déjà tout dégarnis
Et perdus dans de hautes herbes.

Envoi à mon ami M. LE GLAY.

Et cependant, pauvre glaneur,
Le dos voûté, la marche chancelante,
Je reviens dès l'aube naissante
Dans ces champs qui pour moi n'ont plus ni fruit, ni fleur;
J'y reviens et malgré que Phébus m'est contraire
J'y passe de ma vie une bonne moitié,
Tant est puissant sur moi le désir de vous plaire
Et le pouvoir de l'amitié.

L'INDUSTRIEL ET LE JOUEUR A LA BOURSE [1]

Le travail, voyez-vous, est à l'agiotage,
Ce qu'est l'or le plus pur au plus vile alliage,
Ce qu'est l'eau des torrents, épurée en son cours
A celle des ruisseaux venant des carrefours,
Ce que l'active abeille est au frelon rapace,
Ce qu'un rude labeur est à l'aveugle audace ;
Le travail c'est la loi, le devoir, la vertu,
C'est le lutteur blessé mais jamais abattu.
Le travail, voyez-vous, c'est une noble chose !
Mais j'entends le travail de l'esprit ou des bras
Qui blanchit les cheveux, que la sueur arrose,
Que l'on prend en naissant, que l'on quitte au trépas,
Qui rapporte un salaire, un gain juste, équitable,
Un or purifié par un labeur louable,
Et non ce vil trafic de primes, de reports,
Ce honteux jeu de bourse, à la hausse, à la baisse,
Où l'on prend des écus, mais où l'honneur se laisse !
Qui nous fait grand seigneur, sans peine et sans efforts,
Qui nous donne chevaux, laquais, luxe de table,
    Qui.. mais pardon, j'ai promis une fable.

« Vous travaillez, mon cher, depuis plus de trente ans,
» Et vous n'avez encor ni chevaux, ni voiture ;
    » Je ne comprends pas, je vous jure,

---

[1] Lue par l'auteur dans la séance solennelle de la Société impériale des Sciences, de l'Agriculture et des Arts de Lille, le 3 août 1856, jour de l'inauguration du Musée industriel.

» A quoi vous avez pu passer ainsi le temps.
» Je n'entends point ici faire un trait de satire,
   » Mais on a bien raison de dire
   » Que tous les gens du temps passé,
   » Ont tous leur temps bien mal passé.
» Vous avez entrepris une mauvaise veine,
» Car moi, dans le commerce, un des derniers venus,
» J'ai déjà su gagner, sans douleur et sans peine,
   » Près de cent mille écus. »

Ainsi parlait, hier, un seigneur de la bourse.
   En abordant un brave industriel,
Qui répondit : — « Je n'ai pas, grâce au ciel,
   » Fait ma fortune au pas de course,
      » Et j'en puis avouer la source :
» C'est l'ordre et le travail, bénis par l'Eternel :
» Si j'ai bien moins que vous, après trente ans de peines,
      » De soins, de travaux journaliers,
   » J'ai procuré du pain à cinq cents ouvriers,
   » Et rappelé le sang en leurs arides veines.
» J'ai payé leur travail avec humanité,
» Et s'ils sont l'instrument de ma prospérité,
» Ils ont trouvé chez moi, même eu des jours d'orage,
» Un ami sûr, fidèle, un charitable cœur ;
» Comme dans les forêts, sous un puissant ombrage,
» La faible plante trouve un abri protecteur.
» Voilà ce que j'ai fait. Mon active industrie
» Fut cent fois plus utile à ma noble patrie,
» A mes concitoyens, à mon prince, à l'État,
» Que tout votre or, gagné sans lutte et sans combat,
» Votre or ! mais à mes yeux, il n'a point de mérite,
» Pour rester en vos mains, il fut gagné trop vite.
      » Et comme on voit ces fleuves écumeux
         » Au jour fatal de leur dérive,

» Dans leur élan impétueux,
» Emporter tout, jusqu'à la rive,
» Qu'ils étaient venus caresser ;
» Ainsi votre or, pêché dans les flots de la bourse,
» Sera perdu pour vous, sans aucune ressource,
» Quand venant à se courroucer,
» Ces flots dans leur fureur, hélas! par trop commune
» L'emporteront un jour avec votre fortune. »

LE ROSSIGNOL ET LE CRITIQUE.

Sous un dôme épais de feuillage,
    Que perçait son brillant ramage,
    Un rossignol, avec amour,
    Du printemps fêtait le retour.
    Il ne chantait pas, je le jure,
Pour être proclamé le souverain des bois ;
Il chantait simplement, parce que la nature
    Avait mis des chants dans sa voix ;
Il chantait, tous les soirs, pour ces bons villageois
    Au cœur honnête, à l'âme pure,
Qui, les membres brisés par de rudes travaux,
Goûtaient, en l'écoutant, l'oubli de bien des maux ;
Lorsque, pour son malheur, arriva de la ville
    Un grand savant, en toutes choses habile,
Vous le connaissez tous.... Monsieur Destournesols,
    Grand assommeur de rossignols
    Qui ne chantaient pas dans sa gamme,

Chose assez difficile, hélas! Car, sur mon âme,
    Ce monsieur-là changeait, dit-on,
Souvent, et trop souvent, de mesure et de ton.
Un soir donc il s'embusque, il ramasse une pierre,
    Il la lance au pauvre chanteur,
        Et l'atteignant au cœur,
    Il le couche sur la poussière.
Tout le hameau s'indigne et réclame à grands cris
    Contre ce traitement inique,
Quand le savant répond : — « Mon Dieu! mes chers amis,
» Je vous tiens, en culture, hommes de très-haut prix,
» Mais vous n'entendez rien, mes braves, en musique;
    » Et votre gentil rossignol
» Venait de nous croquer un très-beau si-bémol.
» Au nom de l'art, j'ai dû punir cette licence. »
— « Eh! monsieur le savant, votre art, votre science,
    Répliqua l'un des villageois,
      » Auront-ils assez de puissance
      » Pour remplacer la douce voix
      » Qui sut nous charmer tant de fois,
      » Qui nous était si sympathique! »

Ce sont là de vos coups, messieurs de la critique,
    Lorsqu'il arrive qu'un auteur
    De vous déplaire a le malheur,
Pour n'avoir point été chez vous chercher son thème,
    Alors sur lui vous criez anathème!
La plume est dans vos mains, vous décrétez sa mort:
De notre rossignol il subira le sort.
La tuile est ramassée : elle vole, elle tombe;
L'auteur, nouveau Pyrrhus, sous son lourd poids succombe;
Mais le public est là, qui tient sa haute cour,
Et casse votre arrêt en jugeant à son tour.

LE CHÊNE ET LE LIERRE.

Un Chêne, un jour, disait au Lierre :
« Vous qui depuis cent ans venez vous abriter
    » Sous ma couronne hospitalière,
» Mon vieil ami, bientôt il faudra nous quitter.
        » Hier, un agent du domaine,
        » Armé de son marteau brutal,
        » Imprima de ma fin prochaine,
        » Sur mon tronc, le signe fatal.
        » Détachez, s'il vous est possible,
        » Otez de moi vos bras noueux ;
        » Fuyez, fuyez un malheureux,
        » Evitez la hache inflexible. »
Mais le Lierre lui répondit :
— « Moi vous quitter au jour maudit
    » Où la hache doit vous abattre,
    » Non ! non ! je reste entre elle et vous,
    » Dans l'espoir d'amortir ses coups,
» Et ne pouvant, hélas ! résister ni combattre,
        » Je veux avoir au moins l'honneur
» De tomber, de périr avec mon bienfaiteur. »

Lorsqu'un peuple insensé vous immole à sa rage,
    Dites-nous, rois infortunés,
Parmi vos courtisans titrés, enrubannés,
En trouvez-vous beaucoup qui tiennent ce langage ?

LES ARBRISSEAUX ET LE VIEILLARD.

Ballottés par les vents, de jeunes Arbrisseaux
Leur imputaient ainsi leurs tourments et leurs maux :
« Comment prendre racine au milieu des tempêtes ?
» Comment grandir, hélas ! quand vous courbez nos têtes ?
   » O vents ! ô vents ! apaisez-vous ;
   » Portez ailleurs votre courroux ;
   » Cessez votre rage homicide. »
   Un vieillard qui les entendit,
   Tout aussitôt leur répondit :
« Ingrats, dans ces tourments votre force réside.
» C'est cela qui vous pose et qui vous consolide. »

Enfants ; ces arbrisseaux, voilà votre portrait.
Vous vous plaignez comme eux de rigueurs nécessaires ;
Et pourtant, sans des jours d'épreuves salutaires,
La moindre adversité plus tard vous abattrait.

LE LIMAÇON.

Un jeune enfant voyant une trace brillante,
   Qui serpentait à travers un buisson,
La suit, en s'écriant d'une voix haletante :

« Ah ! je tiens un trésor ! » Mais sa main frémissante
Trouve au bout de la trace.... un pauvre limaçon.

Jeunes gens, jeunes gens, ecoutez-moi, de grâce,
  Vous subirez même disgrâce,
   Si vous poursuivez les plaisirs
Sur les filons dorés de vos ardents désirs.

―――

LE FERMIER, SES ENFANTS ET LES OISEAUX.

Je l'ai dit autre part, mais une vérité
  Peut et doit même se redire :
« La nature est un livre, et pour qui sait y lire.
» C'est un livre imposant et plein d'utilité. »

 Un laboureur qui, malgré son grand âge,
Avait su conserver un esprit ferme et sage,
Chaque année avec peine, au retour du printe
Entendait ses enfants lui répéter sans cesse :
   — « Laissez là les travaux des champs,
   » Et comptez sur notre tendresse
   » Pour vous soigher, pour vous nourrir,
  » Pour vous payer avec reconnaissance,
  » Avec un pur amour, qui ne pourra tarir,
  « Ce que vous avez fait aux jours de notre enfance. »

Le vieillard souriant leur dit avec douceur :

— « Au ciel, s'il le fallait, je rendrais témoignage
» De la bonté de votre cœur ;
» Et cependant, en homme sage,
» Je ne puis céder à vos vœux ;
» Ce serait, mes enfants, un essai dangereux,
» J'en suis certain, j'en ai la preuve,
» Elle est ici même en ces lieux ;
» Et, bien qu'elle m'attriste, et fortement m'émeuve,
» Je veux la mettre sous vos yeux,
» Voyez ! »
— Contre le mur se trouvait suspendue
Une cage d'osier ; sur la mousse étendue
Une couvée, à travers les barreaux,
Recevait mille soins d'un couple heureux d'oiseaux
Qui, tout entier à leur jeune famille,
A ces doux fruits de leur amour,
Rapportait haletant, à chaque instant du jour,
Un grain, un ver, une chenille,
Dérobés dans les champs, les bois et la charmille.
Les enfants se taisaient, et le vieillard reprit :

« Dans trois mois, mes chers fils, à cette même place
» Je vous attends. — N'y manquez pas, de grâce ! »
Au terme désigné chacun d'eux s'y rendit.
Alors le bon vieillard montre la cage et dit :

« Les petits n'y sont plus ! De leur aile débile
» Le temps a trempé les ressorts,
» Pour s'envoler vers d'autres bords
» Ils ont quitté le paternel asile,
» Et sans perdre un moment à leur place j'ai mis,
» (Pour atteindre le but que je m'étais promis),
» Les deux oiseaux dont la bonne nature

» Leur avait chaque jour apporté la pâture ;
» Je les tiens là depuis trois mois,
» Sans avoir une seule fois
» Vu ceux qui, l'an dernier, leur ont dû l'existence,
» Apporter la moindre assistance
» A ces deux pauvres malheureux,
» Et diminuer leur souffrance
» En la partageant avec eux. »

Parents au cœur trop généreux
Cette leçon est assez claire
Pour n'avoir pas besoin d'un plus long commentaire.

LE CERF ET LES BRACONNIERS.

Poursuivi par la meute ardente
De jeunes et puissants seigneurs,
Malgré sa ramure pesante,
Un Cerf derrière lui laissait chiens et chasseurs
Arrivé dans la plaine, aussi léger qu'Éole,
Il s'élance, il bondit, il vole ;
Et de la lutte enfin, sortant victorieux,
Il disparaît à tous les yeux.
La chasse en fut pour son école.

Mais le sort cruel ici-bas

N'accorde pas à tous un glorieux trépas :
　　Le soir, on vit la noble bête,
　　Rentrée au fond de ses halliers,
Tomber honteusement sous la vile escopette
　　De misérables braconniers.
Mieux eût valu pour elle aux chasseurs tenir tê
　　Aussi chacun de s'écrier : « Hélas !
Encor un Coligny tué par des goujats. »

　　Sous l'escopette d'un critique,
　Arme cachée et cruelle à la fois,
　　　Auteurs, qui succombez parfois,
　　Consolez-vous, l'opinion publique
Est là pour vous venger en s'écriant : « Hélas !
Encor des Coligny tués par des goujats ! ! »

LES DEUX PÉPINIÉRISTES.

　　Deux jardiniers étaient voisins
Et chacun d'eux au bout de ses jardins,
　　Possédait une pépinière
　　Qu'il gouvernait à sa manière ;
　　L'un coupait, élaguait souvent
Pour ne donner aucune prise au vent.
Repoussant loin de lui ce procédé vulgaire,
　　L'autre jardinier, au contraire,

Laissait croître la branche en toute son ampleur,
Disant que c'était là le vœu du Créateur.

 Or, certain jour, une tempête
 Par-là passant, vint emporter la tête
Des arbres qui croissaient en toute liberté ;
 Tandis qu'on vit demeurer immobile
  Tout arbre qu'une main habile
  Avait sagement écourté.

LE MENDIANT ET L'AUMONE.

Hier, un Mendiant, à l'air plein de souffrance,
Parcourait le village en demandant du pain,
Et chacun lui disait avec indifférence :
« Je n'ai rien aujourd'hui, vous reviendrez demain. »
 Le lendemain, ô souvenir funeste !
 Le lendemain l'aiguillon de la faim
  Entrant plus avant dans son sein,
  De son sang épuisait le reste....
Et l'on trouva son corps sur le bord du chemin.

 N'oublions pas qu'il est très-nécessaire
  De ne jamais se relâcher,
  Ni dans le bien que l'on peut faire,
 Ni dans le mal que l'on peut empêcher.

LES DEUX PETITS CHIENS.

Deux petits Chiens de la royale race
    Où la gentillesse et la grâce,
    L'instinct... et pourquoi pas le cœur ?
    Oui, oui, le cœur, je le répète,
Il est tombé chez nous en telle défaveur;
Si peu d'hommes en ont, que c'est presque un bonheur
    D'en retrouver quelquefois chez la bête.

Deux Chiens de cette race où bien certainement
    Sous plus d'un noble sentiment
Le cœur s'agite et bat, dès leur tendre jeunesse,
Avaient été, messieurs, à chaque instant du jour
    L'objet constant de la même tendresse,
    Des mêmes soins, du même amour.
A l'ombre d'une vie et si douce et si chère
    Ils avaient grandi tous les deux,
    D'une sainte amitié de frère
    Ils avaient serré les doux nœuds.

Mais il n'est pas de bonheur sans nuage,
    Pas plus que de mers sans orage.
Sous le beau ciel brillamment étoilé
    De cet heureux petit ménage,
A peine un an s'était-il écoulé
    Que l'un des deux chiens fut volé !
Ce fut un coup affreux pour sa bonne maîtresse,
Mais plus affreux encor pour son fidèle ami
Qui du matin au soir, accablé de tristesse,
Refusant le bonbon, repoussant la caresse,

Dans un coin, morose, endormi,
Ne semblait plus exister qu'à demi.
　　Aussi ses maîtres, en voiture,
　　Pour dissiper son noir chagrin,
Le menaient-ils souvent; quand un jour, ô destin !
　　L'équipage, par aventure,
　　Vis-à-vis deux bohémiens
　　Faisant danser des petits chiens,
S'arrête; alors, tenant son chapeau d'une patte,
　　L'un des chiens, c'etait l'acrobate,
　　Portant une écharpe en sautoir,
　　Souple, léger, charmant à voir,
Saute en bas de sa corde et commençant sa course,
S'approche en saluant, et présente sa bourse;
Quand le dormeur saisi par un instinct secret,
(De la tendre amitié doux et magique effet)!
Se dresse, ouvre les yeux, d'un bond s'élance à terre,
Par des cris semble dire : O mon frère! ô mon frère!
Et longtemps tous les deux se tiennent embrassés,
Comme on nous peint Pylade en retrouvant Oreste !

　　On devine aisément le reste :
　　A l'instant désintéressés
　　Les voleurs ont lâché leur proie,
　　Et dans les transports de leur joie,
　　Pleine pour eux d'ineffables douceurs,
Nos chiens ont oublié bien vite leurs malheurs.

Doter les chiens d'un cœur sensible et secourable
Tout en le refusant à notre humanité,
Ce n'est pas, dira-t-on, le sujet d'une fable !
J'en conviens, mais c'est mieux, c'est une vérité
　　Qui, malgré sa sévérité,
　　N'est que trop souvent applicable,

L'ALOUETTE.

Quand je vois une alouette,
Dans son vol prétentieux,
Vouloir porter jusqu'aux cieux
Sa petite chansonnette,
Je suis là, comme un badaud,
Nez en l'air, bouche béante,
Lui criant : « Pauvre imprudente,
» Assez ! n'allez pas plus haut ;
» Votre force a sa limite,
» Restez-y, chère petite ;
» Si vous en faites abus,
» Dieu ne vous soutiendra plus. »
Mais ma remontrance est vaine,
Et malgré ce beau discours,
L'oiseau s'élève toujours,
Monte, monte à perdre haleine.
Et sans soutien, sans secours,
Retombe à plat dans la plaine.

Ah ! que de fois nous pouvons
Dire, au siècle où nous vivons,
A mainte plume ou musette,
Ainsi qu'à mon alouette,
En toute sincérité,
Cette sage vérité :
« Votre force a sa limite,
» Restez-y, chère petite ;
» Si vous en faites abus
» Dieu ne vous soutiendra plus. »

LA GOUTTE D'EAU.

Les humbles, Dieu l'a dit, grandiront en honneurs,
    Tandis qu'on verra les superbes
    Tomber, comme les hautes herbes,
Que vient frapper au pied la faux des moissonneurs.

Une goutte de pluie, en tombant du nuage
    Qui la soutenait dans les airs,
A l'aspect saisissant du vaste sein des mers,
Se dit toute tremblante : « Oh ! fais que je surnage,
    » Mon Dieu ! dans cette immensité;
    » Mais si ta sainte volonté
   » A marqué là le lieu de mon naufrage,
 « En tes puissantes mains, mon Dieu ! je me remets,
    » Frappe ! A tes lois je me soumets. »
De notre goutte d'eau l'humble et douce prière
    S'éleva jusqu'à l'Eternel,
    Aussi bien qu'un chant solennel
Emporté par des flots d'encens et de lumière !
    Dans un coquillage nacré
    La goutte d'eau fut recueillie,
    Et de Dieu le pouvoir sacré
    En fit une perle accomplie,
    Qui brilla mainte et mainte fois
    Sur le front superbe des rois.

Humbles, n'oubliez pas, et sur ce point j'appuie,
N'oubliez pas ces mots, qui seront mon adieu :
« Qu'en perle peut tourner une goutte de pluie
    » Sous la main puissante de Dieu. »

LES FLEURS ET LE NUAGE.

Le soleil de juillet, de ses flèches ardentes
    Avait atteint le sein des fleurs ;
    Leurs têtes pâles et mourantes
D'une longue agonie accusaient les douleurs.
Toutes allaient périr, quand un nuage sombre,
    Aux flancs noirs et prêts à s'ouvrir
Parut à l'horizon ; il semblait accourir
    Apportant et la pluie et l'ombre.
    Tout exprès pour les secourir.
Les fleurs de s'écrier : « Ah ! quel heureux présage,
  » Salut à vous, beau messager du ciel,
 » Versez, versez sur nous les dons que l'Éternel
 » Mit dans vos vastes flancs ! » Mais l'orgueilleux nuage
   Sans s'arrêter alla toujours son train ;
   Malgré leurs cris il poursuivit sa route,
   Sans leur verser la plus légère goutte
    De l'eau dont l'avare était plein.
    Mais Dieu punit cet inhumain :
Plus tard il descendit au plus profond des ondes,
    Frappé par des foudres vengeurs.

On voit ainsi périr des richesses fécondes
Qui pourraient aisément, par de sages faveurs,
   Du pauvre, hélas ! soulager les douleurs.

L'ORANGER,

FABLE ÉCRITE SUR L'ALBUM DE M. B. P.

Par le vif éclat de son fruit,
Par sa fleur argentine et sa fraîche verdure,
 Un oranger avait séduit
 Un jeune amant de la nature;
 Il le cultive, et le ciel est témoin
 Que de l'arbuste il prit le plus grand soin;
Mais, hélas! savez-vous ce qu'il eut pour salaire?....
 Une petite orange amère.

 Mon jeune ami, ce n'est pas sans danger
Qu'on cultive, en ces lieux, l'arbre de la science,
 Je le sais par expérience,
 Ce n'est souvent qu'un ingrat oranger;
Sa nature, en vos mains, puisse-t-elle changer,
 Et nous offrir un jour le riant assemblage
De délicieux fruits, de fleurs et de feuillage.

L'ORANGER ET LE LILAS.

A travers les carreaux d'une élégante serre,
Un superbe Oranger, à l'abri des frimas,

Criait au rustique Lilas
Qui grelottait en pleine terre :
« Ce que c'est qu'un sang généreux :
» Déjà ma tête est couronnée
» D'un diadème fastueux,
» Quand chez vous une feuille, hélas ! à peine est née. »
— « Orgueilleux, répondit l'arbuste printanier,
» C'est à la main du jardinier
» Qui vous soigne et qui vous cultive,
» Que vous devez ces fleurs, cette séve hâtive,
» C'est là le fruit de ses soins, de son art ;
» Mais moi, si je fleuris plus tard,
» Je possède un autre mérite
» Qui n'est pas sans valeur, c'est de passer moins vite,
» Cela rachète bien quelques jours de retard.
» Vienne juin, et ma bonne nature
» Me pourvoira d'une parure
» Présentant d'autant plus d'attraits,
» Un éclat d'autant plus durable,
» Que la seule nature en aura fait les frais. »

Dans les acteurs de cette fable,
Sans y songer, j'ai peint en même temps
La dame du grand monde et la fille des champs.

LA LANTERNE ET LA CHANDELLE.

Vivre tous dans la paix, dans la bonne harmonie
Présenter la douceur à l'obligeance unie,

C'est un devoir prescrit par la divinité
Et pour le monde entier un excellent exemple;
Mais quant à ceux qui sont forcés de vivre ensemble,
C'est, au lieu d'un devoir, une nécessité.

    Une Lanterne et sa Chandelle
Chaque soir, à peu près, se prenaient de querelle ;
    L'une criait qu'on l'enfumait,
    L'autre criait qu'on l'enfermait;
    Bref, la discorde devint telle,
  Le bruit, un soir, devint si violent
    Que le maître, bien qu'excellent,
S'en mêla ; mais voyant que chaque péronnelle
Recommençait toujours, et toujours de plus belle,
Alors il souffla l'une et mit l'autre au grenier.
C'était agir en sage, on ne peut le nier.

Serviteurs de tous rangs, je vous peins dans ma fable.
    Que la leçon soit profitable;
    Cessez donc de croire, entre nous,
    Qu'on ne peut se passer de vous.

LE ROSSIGNOL, L'ANE ET LE POÈTE.

Un rossignol chantait ayant pour auditeurs,
    Devinez?..... un âne, un poète !
C'était, vous le voyez, différence complète
Dans les goûts, dans l'esprit, et surtout dans les mœurs.

« Mon Dieu ! mon Dieu ! s'écriait la bourique,
» Je n'ai guère entendu de plus pauvre musique,
» Celui que vous nommez le doux chantre des bois
» N'a jamais su, Monsieur, me ravir par sa voix ;
    » Et sa brillante renommée
   » N'est à mes yeux qu'une vaine fumée ;
» Des grands effets d'orchestre il ne suit pas la loi,
     » Et je ne comprends point pourquoi
     » Dans le monde on en dit merveille. »
Le poète reprit : « Apprends, maître baudet,
    » Qu'un chant si pur et si coquet
    » N'est pas créé pour ton oreille. »

LES BRANCHES ET LES RACINES.

Instruire en peu de mots, c'est une belle chose,
    C'est un don, et des plus heureux,
    Je cours après, mais je ne peux
M'en emparer, ni dans mes vers, ni dans ma prose,
    Bien que ce soit l'objet de tous mes vœux.

Pour la fraîcheur des bois j'avais quitté la plaine,
    Que le soleil de ses feux inondait ;
Sur un riant gazon, au bord d'une fontaine
    J'étais assis, et mon âme rêvait ;
    Quand tout à coup au-dessus de ma tête
        S'éleva comme une tempête.

« Comme le bruit confus de mille et mille voix.
　　Effrayé de cette merveille,
Je prêtais, néaumoins, une attentive oreille,
Et je fis en tremblant un grand signe de croix.

　　Ces voix étaient vives et franches
　　Et tombaient du plus haut des branches
　　Des grands arbres qui m'abritaient;
　　Écoutez ce qu'elles disaient :

　« Nous avons tout lieu d'être fières,
» Au rang que nous tenons il n'est rien de pareil,
　　» Et les premiers feux du soleil
　　» Couvrent d'or nos têtes altières !
　» Quand sur la terre arrive le zéphir,
» Son haleine déjà nous a fait tressaillir ;
　　» Et quand y tombe la rosée,
» Sur nos fronts en passant sa perle s'est brisée.
» C'est avec nos rameaux qu'on orne les chemins
　　» Où sont portés les insignes divins.
　　» Et le jour qu'en la cité sainte
» On vit entrer Jésus, le sauveur des humains,
» Chaque fidèle, ému d'une pieuse crainte,
» En chantant : *Hosanna !* nous tenait dans ses mains.
　　» Oui ! nous avons lieu d'être fières,
» Au rang que nous tenons il n'est rien de pareil,
　　» Et les premiers feux du soleil
　　» Couvrent d'or nos têtes altières ! »

　　Alors une timide voix,
　　Qui sortit du sein de la terre,
Leur dit : « Je ne viens pas vous déclarer la guerre,
» Mais n'ai-je point aussi, Mesdames, quelques droits
　　» A ces honneurs, à cette gloire

» Dont vous venez ici de retracer l'histoire? »
— « Qui donc es-tu, manant? crièrent à la fois
» En ricanant toutes les voix.
— » Qui je suis? Votre proche et très-humble voisine,
» Je suis une pauvre racine
» Qui vous nourrit depuis cent ans ! »
Chacune de se taire eut alors le bon sens.

Je devrais imiter un aussi sage exemple ;
Mais hélas ! lorsque je contemple
La criante inégalité
Qui pèse sur l'humanité,
Cédant alors à mes humeurs chagrines,
Voyant aux uns la peine, aux autres les honneurs,
Je m'écrie : Oh ! mon Dieu ! que de pauvres racines
Portent en haut le fruit de leurs labeurs.

LA FAUVETTE ET L'AMATEUR DE JARDIN.

Décembre de son âpre haleine
Avait durci le sol, dépouillé les ormeaux,
Et les pauvres petits oiseaux
Ne savaient où chercher de remède à leur peine,
De soulagements à leurs maux.
Hier, l'un deux, une jeune fauvette,
Qui n'avait pu quitter nos rigoureux climats
Avant l'approche des frimas,
Tant avait souffert la pauvrette.

S'en vint frapper du bec et de la tête
Les carreaux de la serre où je vais chaque jour
En hiver, des zéphirs rêver l'heureux retour.
Le pauvre oiseau semblait me demander asile,
Et sa voix au printemps, si douce et si facile,
  N'avait plus que de faibles cris ;
Je courus aux carreaux, et tout ému j'ouvris.
  La malheureuse créature
 En retrouvant tout-à-coup la verdure,
  Le doux parfum de chaque fleur
  Et la pénétrante chaleur
  Qui renouvelle la nature,
  Se crût au milieu du printemps ;
  Et chaque fois que dans la serre
 Je vais depuis passer quelques instants,
  Sa voix agréable et légère
Vient payer mon bienfait de ses plus tendres chants.

  Il est bien d'être charitable,
  Même à l'égard d'un pauvre oiseau,
  Mais vis-à-vis de son semblable,
  Aux yeux de Dieu c'est bien plus beau.
Comme aux oiseaux l'hiver aux pauvres fait la guerre
  Et met le comble à leur misère,
Ouvrons-leur notre cœur, nos bourses et nos mains.
J'en conviens, la fauvette a des accents divins,
  Mais ceux de la reconnaissance
  Ont bien aussi leur éloquence,
Et l'âme y goûte, en plus, la paix et le bonheur
Que Dieu verse à celui qui soulage un malheur.

LA ROSE MOUSSEUSE.

Descendu sur la terre (on n'en sait point les causes)
L'Ange chargé des fleurs sous un berceau de roses,
    Reposa d'un si doux sommeil,
    Qu'aussitôt après son réveil
Il s'écria : « Parlez, mes toutes belles,
» Auriez-vous, par hasard, quelques vœux à former ?
  » Désirez-vous des zéphirs plus fidelles,
    » Des cœurs plus prompts à vous aimer ?
    » Des parfums encor plus suaves,
  » Pour vous cueillir voulez-vous moins d'entraves,
» Ne craignez rien, parlez ? je serai trop heureux,
    » Mes belles, d'exaucer vos vœux »

    Lors une rose plus pudique,
  Plus pure encor que ses charmantes sœurs,
    Répondit à l'ange des fleurs,
De sa voix la plus douce et la plus sympathique :
    « — Vous qui possédez les secrets
    » De la bonne et sage nature,
    » Daignez exaucer mes souhaits :
    » Ajoutez, je vous en conjure,
    » Un simple voile à ma parure,
    » Non pour augmenter mes attraits,
» Mais pour cacher mon sein aux regards indiscrets. »
    — L'ange, touché de sa prière,
  L'enveloppa d'une mousse légère.
    Mais, ô charme de la pudeur !
    Ce don, d'une beauté nouvelle

Embellit encor notre fleur ;
Jamais elle ne fut plus belle
Et jamais plus d'encens ne fut brûlé pour elle.

Envoi à Mlle ***

Vous qu'une rose appellerait sa sœur,
Tant vous avez d'éclat et de fraîcheur,
Ecoutez-moi, jeune et belle Clémence :
Laissez le luxe et l'art, ils vous sont superflus,
Ne conservez que la décence
Et vous aurez encore une grâce de plus.

L'ANON ET LE CHÊNE.

Il m'arrive encor quelquefois,
Malgré les pesanteurs de l'âge,
De parcourir, comme un enfant volage,
Les vallons, les champs et les bois ;
J'en retire un triple avantage,
Mon corps par la fatigue y trouve la santé,
Mon esprit, la tranquilité,
Et j'en reviens toujours plus sage
Sans devoir me bourrer de grec et de latin.

Dans la forêt, l'autre matin

Je venais d'arriver à peine,
Quand je vis un ânon s'acharner contre un chêne,
Braire et ruer tout à la fois,
Le frapper de ses pieds, l'outrager de la voix,
Mais en cris, en efforts, en vain il se consume ;
Comme un rocher voit tomber en écume
A ses pieds le flot impuissant,
Ainsi des bois l'arbre géant
Sur sa large base immobile,
Rend du stupide ânon la fureur inutile.

Ce spectacle m'a rappelé
Maint petit rhéteur téméraire,
De sa plume essayant de renverser Voltaire
Du piédestal où le temps l'a scellé.

LA CHENILLE ET LE VER-LUISANT.

L'ambition, de son germe fatal,
Tout à la fois infecte et l'homme et l'animal.

Un soir d'été, sous la charmille,
Une ambitieuse chenille,
D'un ver-luisant s'approche et marche à son côté.
Elle pensait, pauvre cervelle !
Que la pure et vive clarté

Qui sur son compagnon ruisselle,
Rejaillirait un peu sur elle

La voilà donc, d'un air tout triomphant,
Qui se prélasse et fait sa belle,
Mais bientôt survint un enfant
Qui, joyeux, emporta le seigneur ver-luisant,
Et sans pitié marcha sur sa pauvre compagne.

A s'approcher des grands voilà ce que l'on gagne.

LE LABOUREUR ET LES PAVOTS.

« J'ai beau m'y prendre, hélas! de toutes les façons,
» Quand je récolte ou quand je sème,
» Vous levez donc toujours, dans mes riches moissons,
» De vos rouges bonnets l'épouvantable emblème. »

Ainsi parlait un laboureur,
D'une voix tremblante, indignée,
En arrachant avec fureur
De pavots dans ses champs une grosse poignée.

« Je sais, hélas! que le froment
» Pour l'homme est le premier, le plus cher aliment,
» Que c'est pour lui de biens une source abondante,
» Répondit, d'une voix mourante,

» L'un de ces malheureux pavots,
» Mais l'oubli des cent et cent maux
» Qui pèsent sur son existence,
» C'est à nous que l'homme le doit,
» Et par là nous pensions avoir au moins le droit
» De compter, en retour, sur sa reconnaissance. »

LIVRE VI.

LE CHARDON ET LE RÉSÉDA.

A MES JEUNES NEVEUX ET NIÈCES.

Je ne vous dirai point que ma fable est nouvelle,
   Moi-même, enfants, je n'en suis pas bien sûr.

Le hasard..... ou plutôt la sagesse éternelle,
Car le hasard, enfants, est un mot bien obscur
Qui veut nous cacher Dieu lorsque tout le révèle,
La terre en ses produits, les cieux en leur azur ;
Dieu donc avait fait naître aux abords d'un vieux mur
De chardons une touffe, et presqu'à côté d'elle,
     A peu de distancs en-deçà,
     Quelques plantes de réséda.
Le Chardon, certain jour, leur dit : « Pauvres voisines !
» Sur ma foi, j'ai pour vous cette tendre amitié
    » Que font naître les orphelines,
    » Et votre sort me fait pitié ;
    » Jusqu'au fond du cœur il me touche.
» Quoi ! le premier manant qui passe en ce chemin
» Ose porter sur vous une coupable main,
» Il vous cueille, en trophée il vous porte à la bouche ;
     » S'il m'en faisait autant, morbleu !
     » Il verrait avec moi beau jeu !
     » Son sang me paierait cet outrage
     » Et sur lui déployant ma rage,
     » Je... » — « Grâce au ciel, nous n'avons pas
     » Au cœur ces sentiments de haine ;

» Ce doit être à porter une bien lourde chaîne,
　　　» Répondirent les Résédas;
» Verser du sang, mon Dieu! pour une telle offense,
　　　» Ce serait un crime, une horreur;
» Un pardon généreux est si léger au cœur,
» Si lourd est le remords qui suit une vengeance. »
　En ce moment le vieux mur s'écroula
Sous les coups répétés de la lourde pioche;
　　Tout périssait, Chardon et Réséda,
　　　Quand du mur le maître s'approche :
　　　　« Portez, dit-il, en mon jardin,
» Ces plantes aux senteurs si douces, si légères,
　　» Et laissez là, sur le bord du chemin,
» Périr l'affreux Chardon aux instincts sanguinaires. »

Vous voulez la morale, enfants c'est votre droit,
　　Vous allez la toucher du doigt :

　　　« Il est aux demeures célestes
　　　　» Un Dieu qui juge les enfants;
» Il admet près de lui ceux aux vertus modestes,
» Et pour toujours, hélas! en chasse les méchants. »

　　　　　　　ENVOI.

Chaque saison de sa corbeille
　Verse en nos mains le savoureux trésor :
Le printemps a la fraise et l'été la groseille,
L'automne a ses raisins, l'hiver ses pommes d'or.
Puisse la fable, enfants, qu'ici je vous adresse,
　　Présent de ma froide raison,

Et plus encor de ma tendresse,
Être toujours pour vous un fruit de la saison;
Et jusqu'au déclin de la vie
Rappelez-vous le maître du jardin,
Le Réséda, son sort digne d'envie,
Le dur Chardon et son triste destin.

LES DEUX CHIENS.

Un chien, qu'un robuste piqueur
Retenait en laisse avec peine,
Tant il était rempli d'ardeur,
Rencontrant un jour dans la plaine
Un chien courbaturé, boitillant, hors d'haleine,
Lui dit : « Ami, d'où diable venez-vous
» Pour vous traîner ainsi sur les genoux,
» Triste, muet, l'oreille basse? » —
« D'où je viens? Eh! morbleu, je reviens de la chasse,
» Vous y courez, mon cher, plein d'ardeur et d'amour
» Mais je vous attends au retour. »

Quand vous partez, jeune poëte,
Pour le sacré vallon, ce fortuné séjour,
Vous êtes plein d'ardeur, vous portez haut la tête,
Mais je vous attends au retour.

LA SOURIS ET LE CHAT.

Mon voisin qu'on nomme Grégoire,
Et qui, de plus, est l'un de mes amis,
S'apercevant que les souris
Visitaient parfois son armoire,
Y mit un chat. Le lendemain
La rongeuse de masse pain
Sous sa griffe et sa dent avait subi sa peine ;
Mais il en coûtait au voisin
Son plus beau déjeûner de riche porcelaine.

Ne suivez pas, si vous êtes prudent,
Ne suivez pas cet exemple peu sage ;
Sachez souffrir un tout petit dommage,
Pour en éviter un plus grand.

LE RUISSEAU DEVENU TORRENT.

Vous savez le petit ruisseau,
Là-bas au bout de la prairie,
Et qui sur la rive fleurie

   Promenait mollement son eau;
   Où la pétulante hirondelle
   Se mirait et mouillait son aile;
   Où du ciel les étoiles d'or
   S'étalaient ainsi qu'un trésor
   Versé sur un tapis immense;
Eh bien! voilà qu'un jour, ce modeste ruisseau,
   Qui semait partout l'abondance,
   Que bénissait tout un hameau,
De deux ruisseaux voisins ayant hérité l'onde
Comme un torrent bondit, retombe, écume et gronde,
  Roule au loin ses noirs tourbillons
Et menace les champs et leurs riches sillons.
Aussi chaque habitant du fortuné village
Qui recherchait jadis un si doux voisinage,
Elève une barrière à ses flots furieux
   Et lui dit les larmes aux yeux:

« Petit ruisseau, pourquoi ce changement étrange
  » Dont chacun vous blâme et se plaint?
» On vous aimait ruisseau, torrent vous serez craint;
  » Vous ne pouvez que perdre au change. »

Combien de nous, sous cent noms différents,
  Chose à dire, hélas! trop commune,
En voyant augmenter leur pouvoir, leur fortune,
De modestes ruisseaux sont devenus torrents.

LES ARBRES A FRUITS.

Aux jardiniers qui les soignaient,
Amèrement des arbres se plaignaient
Que les cailloux des gamins du village
Tombaient sur eux comme grêle en orage.

» Tout se juge ici-bas par ses dons, ses produits,
» Et ces cailloux, enfants, rendent nos âmes fières,
» Dit l'un des jardiniers, l'on ne jette des pierres
  » Qu'aux arbres qui portent des fruits. »

Jeunes rimeurs, si les critiques,
Lors de vos débuts poétiques,
Vous portent de trop rudes coups,
De ma fable souvenez-vous.
Et dites à ces gens aux humeurs tracassières :

« Tout se juge ici-bas par ses dons, ses produits,
  » Jamais on ne jette de pierres
  » Qu'aux arbres qui portent des fruits. »

LE VIGNERON ET LE RAISIN.

Après en avoir pris un délicieux vin,
Un vigneron encor pressurait son raisin ;

Mais, hélas ! la grappe épuisée,
Par son avide main pressée,
Ne donna plus qu'une pâle liqueur
Qui vint ôter au vin sa force et sa couleur.

Quand, ô poète ! une noble pensée
Illumine vos vers de son rayon divin,
N'en faites pas abus ! Car pareille au raisin,
L'idée, hélas ! par trop pressée,
Ainsi que la grappe épuisée,
Après un pur nectar donne un bien triste vin.

LE ROCHER D'AIMANT ET LE VAISSEAU.

De tous les contes merveilleux
Dont une tendre mère amusa ma jeunesse,
C'est maintenant que je suis vieux
Que je sens la portée et la haute sagesse.

Lorsque j'étais petit enfant,
Ma mère me disait souvent,
Ma mère ! ô souvenir plein d'attraits et de charmes,
De douce joie et de bonheur,
Dans mes yeux vous mettez de consolantes larmes
Et de longs regrets dans mon cœur.
Elle disait : « Mon fils, sur de lointains rivages
» Est un si gros rocher d'aimant.

» Qu'à tout vaisseau voguant en ces parages
» Il enlève son ferrement !
» Par son attraction suprême
» On voit ses clous se détacher
» Et chacun d'eux s'en aller de lui-même
» Se fixer au fatal rocher ;
» Alors de toutes parts le pauvre vaisseau s'ouvre,
» La mer le bat, passe et le couvre,
» Et les malheureux matelots
» Périssent au milieu des flots. »

Voilà bien la fidèle image
Des passions, de leur ravage ;
Ces clous s'envolant du vaisseau
Où les enfonça le marteau,
N'est-ce pas nos vertus sous le fatal empire
Des voluptés ! Et ce pauvre navire
N'est-ce point l'homme, hélas ! alors que des vertus
Les liens protecteurs ne le retiennent plus.

LE CRIMINEL ET SA CONSCIENCE.

Comme la vaste cour des antiques châteaux,
Dont la voix invisible et multiple et sonore
Longtemps après répète encore
Les sons que notre voix confie à ses arceaux ;
Ainsi la conscience, ô mes amis, recèle

De propices échos, et dont la voix révèle
Ses crimes, ses remords au cœur du criminel
Et devance par là la justice du ciel.

Un infâme usurier, indigne du nom d'homme,
    Avait de l'or plein des tonneaux,
    Qu'il avait gagné, Dieu sait comme !
Et malgré son bon lit, ses volets, ses rideaux
    Et sa porte à doubles vanteaux,
    Il ne pouvait faire un bon somme.
Il entendait toujours dans le calme des nuits
De sourds gémissements, de lamentables bruits
    Qui le jetaient dans des terreurs soudaines
    Et figeaient son sang dans ses veines ;
Il aspirait du jour les premières lueurs
Et son front s'enflammait sous de froides sueurs.

    Voulant enfin trouver la cause
De cet état d'affreuse anxiété,
    Il consulte la Faculté
    Qui lui déclare, entre autre chose :
« Que son état est simplement nerveux ;
» Mais qu'il n'a rien de dangereux ;
» Qu'il suffira d'aller visiter l'Italie
» Où tout est fruits et fleurs, et musique et folie ;
» Fuir le froid, la chaleur, la pluie et le grand air,
» Prendre du quinquina, des pilules de fer ;
» Sans trop se fatiguer, faire un peu d'exercice,
» Chercher pour sa nature un climat plus propice ;
» Craindre les courants d'air, les émotions... bref
» Se tenir les pieds chauds, et froidement le chef. »

    Après deux mois de ce régime
    Dont il faillit être victime,

Il retourna dans sa maison,
La fit fouiller par un maçon
Et sonder dans chaque muraille,
Soupçonnant que sa valetaille
Pour lui soutirer quelqu'argent,
De ce mystérieux tapage,
Qui triomphait de son courage,
Était le principal agent ;
Il allait tout mettre à la porte,
Quand un vieux serviteur d'une voix lente et forte
En s'approchant lui dit :
« Ce n'est pas, croyez-en ma vieille expérience,
» Les docteurs, les maçons et l'humaine science
» Qui guériront vos maux, qui sont ceux d'un maudit !
» Mais c'est dans votre conscience,
» Monsieur, retenez bien cela,
» Qu'il faut fouiller ; le mal est là. »

LA CHANDELLE ET LA LANTERNE.

« Chaque soir quand je me présente
» Chez vous, pour remplir mon emploi,
» Vous vous montrez toujours si dure, si méchante,
» Que j'aimerais mieux, sur ma foi,
» Qu'au nez vous me jetiez la porte
» Que de continuer à vivre de la sorte.
» Et sans moi pourtant, entre nous,

» Ma pauvre enfant, que feriez-vous
» Avec cette figure aussi triste que terne,
» Si mon brillant éclat ne venait l'embellir
　　» Par les feux qu'il en fait jaillir. »

Ainsi parlait à sa lanterne
Une Chandelle avec douceur ;
Mais la Lanterne avec aigreur
Lui répondit tout aussi vite :

« Avez-vous oublié, petite,
» Pour me parler de ce ton protecteur,
　　» Que sans mon abri bienfaiteur,
　　» Sans ma demeure hospitalière,
» L'éclat dont vous brillez et qui vous rend si fière,
» Un rien, la pluie ou l'air, le moindre coup de vent
　　» Le détruirait, le mettrait à néant ;
» Cessez donc, je vous prie, une plainte futile
» Et pour moi professez un culte plus fervent «

La Chandelle reprit : « Eh ! morbleu ! cet asile
» Que vous me reprochez dans vos accès de bile,
» Est dans votre intérêt bien plus que dans le mien
　　» Car sans moi que seriez-vous ? Rien
　　　Rien qu'un pauvre meuble inutile ;
» Vous n'allez pas tarder, ingrate, à le savoir
　　» Je me retire, adieu, bonsoir. »

Et là-dessus notre Chandelle
S'éloigne, et depuis lors une nuit éternelle
S'étend sur la Lanterne et punit son orgueil.

Vous vous heurtez contre un pareil écueil
　　Gens d'un esprit fort ordinaire,

Et qui tranchez de l'important,
Lorsque vous renvoyez le pauvre secrétaire
Qui vous soutient par son talent;
Alors vous n'êtes plus que l'image fidelle
D'une lanterne sans chandelle.

LE HÉRISSON ET LA MARMOTTE.

Saisi du froid, de son âpre frisson,
Ne sachant où trouver un gîte,
Baissant ses dards, prenant l'air hypocrite,
Chez la Marmotte, un soir, un pauvre Hérisson
D'une manière fort civile,
S'en vint lui demander asile,
Et la Marmotte, au charitable cœur,
Chez elle admit le pauvre visiteur.

Jusques à la saison nouvelle
Tout alla bien, chacun dormit.
Mais à la première étincelle
Qui des feux du printemps jaillit,
Le Hérisson, reprenant son audace,
Redressait ses cent et cent dards,
Et piquée et blessée, hélas! de toutes parts
La Marmotte dut fuir et lui céder la place.

Ah! que de gens avec un certain art

S'introduisent dans nos demeures ;
Ils semblent bons et doux, sans détour et sans fard ;
Mais ce sont là de véritables leurres
Et les piquants se dresseront plus tard.

Croyez-en mon expérience,
Jeunes gens ! Qui de vous commettra l'imprudence
De recevoir le vice dans son cœur,
Le vice, hélas ! cet autre envahisseur,
En verra bientôt fuir la paix et l'innocence,
La bonté, les vertus et puis après l'honneur.

LE GÉANT ET LE NAIN.

Un jour qu'il avait fait ripaille,
Un Géant se moquait d'un Nain
Et le raillait de sa petite taille,
Quand celui-ci lui répondit soudain :
« — Au lieu de ta plate insolence,
» Je m'attendais, Géant, à ta reconnaissance :
» Ne t'est-il pas venu mille fois à l'esprit
» Que tu serais moins grand si j'étais moins petit. »

Cette réponse est pleine de sagesse
Et sans tarder ma fable vous l'adresse,
Savants, qu'on voit à tous propos
Sans pitié vous moquer des sots.

De grâce, ayez pour eux un peu plus d'indulgence ;
Vous leur devez aussi de la reconnaissance,
    Car les sots sont pour les savants
    Ce que les nains sont aux géants.

L'ABEILLE ET LE PAPILLON.

  Après avoir bourdonné
  Tout un jour et butiné
  Autour d'une plate bande,
  Le jasmin et la lavande,
  Le thym et le serpolet,
  Une Abeille s'envolait
  Rapportant d'une aile agile
  Son butin en son asile.
  D'une fleur d'acacia
  Où, de son amour volage,
  Il portait le triste hommage,
  Un Papillon lui cria :
  « Arrêtez, pauvre petite,
  Où courez-vous donc si vite ?
  Ne pourriez-vous disposer
  D'un seul instant pour causer ? »
  « — Je ne puis, lui dit l'Abeille ;
  Voici la fin du du printemps
  Et de Flore la corbeille
  Déjà perd ses ornements ;

Il faut donc que je me presse
A terminer la moisson,
Qui de la froide saison
Nous fait braver la rudesse. »
« — Mais du plaisir l'aiguillon,
» Du travail pauvre martyre,
Sur vous n'a donc point d'empire,
Répondit le Papillon ?
Quoi ! l'amour et la tendresse
Sont bannis de votre cœur,
Vous ignorez leur douceur,
Leur volupté, leur ivresse ?
Que je vous plains, ô mon Dieu !
Mais voici pour mon adieu
Un avis fort bon à suivre
Et que j'ai lu dans un livre
Aux premiers jours du printemps :
C'est qu'il s'agit de bien vivre,
Et non de vivre longtemps. »
Alors, mettant en usage
Ses préceptes suborneurs,
Notre Papillon volage
Se perdit parmi les fleurs.

Je les revis tous deux aux derniers jours d'automne,
Alors que Flore fuit et fait place à Pomone,
L'Abeille s'enfermait dans la cellule d'or
Qui de ses longs labeurs contenait le trésor ;
    Quand le Papillon sans asile,
    Tremblant de froid, faible et débile,
  Tirant de l'aile, implorant du secours,
Tombait, mourait aux pieds des rosiers mêmes
Témoins tout un été de ses folles amours.

Honnêtes ouvriers, dans vos labeurs extrêmes
  Des papillons n'enviez pas le sort,
Ils vivent de plaisirs, mais songez à leur mort.

LES DEUX ORMEAUX.

Dans un tranquille hymen, dans de chastes amours,
  Deux ormeaux mêlaient leurs branchages
Et par là se prêtaient un mutuel secours
  Contre les vents et les orages.
  Ils s'aimaient, ils vivaient heureux,
  Lorsqu'un jour la mort inflexible
  Vient hélas ! à frapper l'un d'eux,
  Ce fut pour l'autre un coup terrible.
Mieux eut fallu cent fois les frapper tous les deux.
  Aussi quant vint l'heure suprême
D'arracher l'arbre mort aux bras de son ami,
  Le bûcheron eût une peine extrême
Et laissa ce dernier expirant à demi.

  Par une nouvelle alliance
On tenta d'effacer ce triste souvenir,
De lui faire oublier l'ami de son enfance,
  Mais on ne put y parvenir :
Bientôt l'ormeau mourut, nous laissant un modèle
  Hélas ! bien rare de nos jours,
  D'une amitié tendre et fidèle,
  D'un hymen aux chastes amours.

L'AIGLE ET L'ESCARGOT.

Descendant des immenses plaines
Que l'Eternel lui donna pour domaines,
Le noble oiseau dont l'œil audacieux
Soutient le vif éclat de l'astre radieux,
   L'aigle, trouvant près de son aire
   Un escargot, fut saisi de colère
  Et s'écria : « Comment as-tu grimpé,
   » Malheureux ! jusqu'en mon asile ? »
   « — Comment ? La chose est bien facile ;
» Vous ne devinez pas ? Eh ! mon Dieu ! j'ai rampé,
» Et comme vous, Seigneur, je suis près du tonnerre !!! »
   A ces mots l'aigle furieux,
  Le saisissant de sa terrible serre,
  L'enlève, et le rejetant sur la terre,
» Aux aigles seuls, dit-il, appartiennent les cieux. »

Avant de se briser, dans sa chute fatale,
   Il eut le temps de s'écrier :
  « Pourquoi punir dans la gent animale
   » Ce qui chez l'homme est journalier ?
» Ramper pour s'élever, c'est une politique
» Qui s'étend, s'agrandit, gagne de jour en jour ;
   » L'homme adroit la met en pratique,
  » Et par elle des rois il atteint le séjour. »

LES ÉGLANTIERS.

Avec un ouvrier parcourant mon jardin,
   Hier je lui dis : « Il faut que dès demain,
    » Il faut, François, que tu me débarrasses
» De tous ces églantiers aux racines voraces
     » Qui, depuis cinq ans bel et bien
    » Sucent le sol et ne rapportent rien.

— » Ne nous condamnez pas, monsieur, sans nous entendre,
» Dit l'un des églantiers, modérez ce courroux
    » Et daignez retarder vos coups ;
» Notre stérilité ne doit pas vous surprendre,
    » A vous seul il faut vous en prendre ;
» Quels soins pour la combattre avez-vous pris de nous ?
    » Pour réformer notre rude nature,
» Au lieu de vos mépris, au lieu de vos affronts,
    » Essayez d'un peu de culture
    » Greffez-nous, et puis nous verrons ».

   Je fus frappé de ce langage
   Et depuis lors je n'ai plus le courage
   De reprocher aux pauvres ouvriers
Leur nature en vertus toujours si peu féconde,
    Car, ainsi que ces églantiers,
   J'aurais trop peur que l'un d'eux me réponde :

« Au lieu de vos mépris, au lieu de vos affronts,
    » Greffez-nous, et puis nous verrons. »

L'ENFANT ET LE CERF-VOLANT

En septembre dernier j'entendis un enfant
 Qui disait à son cerf-volant :
  « Pourquoi dans l'immense carrière
   » Où ma main chaque jour
   » Te lance avec amour,
  » Reste-tu toujours en arrière,
  » Quand jusqu'au céleste séjour
 » Tes compagnons arborent leur bannière ?
Le cerf-volant lui réplique aussitôt :
  « Pourquoi cette sotte querelle ?
 » Si vous voulez que je monte plus haut,
  » Donnez-moi donc de la ficelle. »

 Quand le public, ce maître sot,
Crie aux auteurs : montez, montez plus haut,
 Faites-nous une œuvre immortelle ;
S'il ne vient pas en aide à leur jeune talent,
S'il ne leur tend la main, s'il n'échauffe leur zèle,
 Il est en tout semblable à cet enfant
 Qui veut qu'au ciel monte son cerf-volant
  Et qui lui retient la ficelle

POÉSIES DIVERSES.

POÉSIES DIVERSES.

LES SAISONS

FANTAISIES.

Le Printemps.

LE SOLEIL.

STANCES.

Un rayon de soleil est venu ce matin
Joyeusement danser, frapper à ma fenêtre ;
Il semblait dire : « Allons, le printemps vient de naître,
« Laisse là, vieil hibou, ton grec et ton latin,
   » Cours après moi dans le jardin. »

Puis vint un papillon sur un rosier sauvage
Etaler au soleil, à mes regards ravis,

Son manteau de velours, parsemé de rubis,
Semblant me dire aussi dans son muet langage :
« Laisse-là, vieil hibou, ton grec et ton latin,
   » Cours après moi dans le jardin. »

Bientôt après je vis une jeune hirondelle
Se jouer dans les airs, s'exciter de la voix,
Et de la terre au ciel montant cent et cent fois,
Me crier à son tour, en me touchant de l'aile :
« Laisse là, vieil hibou, ton grec et ton latin,
   » Cours après moi dans le jardin. »

Puis vint me visiter la vigilante abeille,
Fouillant tout mon réduit sans trouver d'autre fleur
Qu'un Homère, un Virgile, et s'envolant de peur,
Mais non sans bourdonner autour de mon oreille :
« Laisse là, vieil hibou, ton grec et ton latin,
   » Cours après moi dans le jardin. »

Je résistais toujours, quand la voix de Marie
Se fit entendre au loin ; la fillette apportait
A l'autel de la Vierge un suave bouquet
Qu'elle avait composé des fleurs de la prairie ;
Pour la voir plus longtemps, laissant grec et latin,
   Je courus au bout du jardin.

L'Été.

L'ORAGE

SONNET.

Porté par les zéphirs sur un trône de fleurs,
Couronné d'épis d'or, de fruits et de verdure,
Sous les rayons de l'astre aux brûlantes ardeurs,
L'Été vient féconder le sein de la nature.

Mais ce riant portrait a de sombres couleurs ;
C'est le nuage en feu dont la noire échancrure
Nous vomit par torrents les grêlons destructeurs,
Et des champs désolés écrase la parure.

C'est la nuit dans le jour, c'est la trombe ! ô terreur !!!
Qui se tord, qui bondit, et jette sa clameur !
C'est le monde ébranlé d'un pôle à l'autre pôle !!!

C'est le cahos, grands Dieux ! imposant, plein d'horreur,
C'est du *Dies iræ* la sublime parole,
Qu'annoncent le tonnerre et les vents en fureur.

L'Automne.

LA VENDANGE.

RONDEAU.

Salut à toi, riche et puissant Automne,
Aux fruits divins que ton soleil nous donne.
Si de juillet il n'a plus les chaleurs,
S'il n'est plus roi d'un grand peuple de fleurs;
Sous ses rayons se colore Pomone,
De pourpre et d'or le verger se festonne;
Et dans la plaine où le gibier foisonne,
J'entends les cris des chiens et des chasseurs;
        Salut à toi !

Mais à mes yeux vraiment ce qui te donne,
De nos saisons le sceptre et la couronne,
C'est ton soleil, dont les feux bienfaiteurs
Ne viennent pas, par de folles ardeurs,
Griller les fruits du doux jus de la tonne;
        Salut à toi !

L'Hiver.

LES FRIMAS

TRIOLETS.

Debout sur son trône de fer,
Entouré de neige et de glace,
Voyez-vous le terrible Hiver
Debout sur son trône de fer ;
Il règne seulement d'hier,
Et déjà le tyran menace,
Debout sur son trône de fer,
Entouré de neige et de glace.

Pour échapper à ses frimas,
J'ai vu s'envoler l'hirondelle
Qui cherche de lointains climats
Pour échapper à ses frimas ;
Rester, c'était la mort pour elle,
Qui ne vit que de doux ébats ;
Pour échapper à ses frimats
J'ai vu s'envoler l'hirondelle.

Fuis vite, ô maudite saison !
Emporte au loin tes froids nuages ;

Soleil, parais à l'horizon;
Fuis vite, ô maudite saison !
Reprends tes fleurs, riant gazon;
Bosquet, rends-nous tes frais ombrages;
Fuis vite, ô maudite saison !
Emporte au loin tes froids nuages.

A MONSIEUR VICTOR DELERUE,

DE LA SOCIÉTÉ IMPÉRIALE DES SCIENCES, DE L'AGRICULTURE
ET DES ARTS DE LILLE,

A l'occasion de ses Fables et de ses autres poésies.[1]

Deux mots, dans vos *Saisons*, allument ma colère,
Je les rature net; dussé-je vous déplaire;
Vous mentez quatre fois, oui; tordez-moi le cou :
Nul ne vous a jamais appelé vieil hibou.

Quel stupide aurait pu vous tenir ce langage?
L'hirondelle? Allons donc! L'abeille? Elle est trop sage.
Le rayon? Ses pareils ont l'esprit lumineux,
Et vous le savez bien, vous, un hôte des cieux.
Pour le beau papillon qui vous doit sa toilette,
Ce n'est pas un ingrat, sa tête est trop bien faite;
Il n'a pas reconnu par des mots outrageants

---

[1] Malgré les éloges flatteurs que contient cette épître, j'ai cru qu'on me saurait bon gré de faire connaître une pièce d'une aussi charmante originalité.

Les rubis, le velours de vos soins obligeants.
Donc, c'est ce que j'ai dit, mensonge! Sur mon âme,
Charlatanisme pur, belle et bonne réclame :
Quelqu'un relèvera, vous disiez-vous tout bas,
Ce vieil hibou, quelqu'un protestera. — Non pas.
Mais, entre nous, votre âme est un peu bien coquette,
Pour un hibou : courir où passe la fillette !
Que vous la préfériez au roi des papillons,
D'accord, je suis si faible en ces tentations !
Mais, insulter l'hiver, quelle sournoiserie !
Vous soufflez dans vos doigts, l'hiver, avec Marie ?
Qui le croira ? Pour moi, je bénis mon destin,
L'hiver, au coin du feu, vos fables à la main.

J'entends du *Mendiant*[1] la plainte lente et triste ;
C'est du pain qu'il demande, aussi nul ne l'assiste,
L'aiguillon de la faim le tue, et moi, je sens
Celui de la pitié qu'éveillent vos accents.
La pitié, que c'est doux, quelle joie elle donne !
C'est être libertin que de faire l'aumône ;
C'est boire en fin gourmet des vins trop peu vantés,
C'est plonger jusqu'au fond des riches voluptés.
Si la foule savait les plaisirs qu'elle ignore,
On l'y verrait courir, y retourner encore.
L'homme, au fond, n'est pas dur, il ne sait rien de rien ;
Que *d'ânes*[2] dans le monde, et qu'ils se portent bien !
Aussi bons connaisseurs de vers que de musique,
Anes en poésie, ânes en politique ;
S'ils étaient étrangers au savoir seulement,
Et, pauvres sur ce point, pourvus de sentiment !

[1] *Le Mendiant et l'Aumône*, fable, t. II.
[2] *Le Rossignol, l'Ane et le Poète*, fable, t. II.

Mais non; le cœur, chez eux, répondant à la tête,
Nous avons au total cette pesante bête
Que vous aimez à peindre avec tous ses travers,
Qui m'assomme partout, excepté dans vos vers.

J'ai bien souffert par elle, ami, je souffre encore ;
Un père ne rit pas, le chagrin le dévore,
Avoir entre ses bras, sous son toit tourmenté,
Ceux qu'il chérit, en butte à la stupidité,
A la haine brutale, à la basse ignorance,
Qui, sans savoir pourquoi, déteste l'innocence.
Un père ne rit pas. Les plus folles erreurs
Pour lui, l'absurde même est fécond en douleurs.
Je ne suis pas *le Cygne* [1] à la plume argentée,
Mais *les Canards* [2] m'ont pris dans leur bande infectée,
M'ont couvert de leur fange, et mes tristes enfants
Ont subi, comme moi, ces oisons triomphants.
Garçon, j'aurais bien ri, certes, de leur sottise :
« On ne hait pas, canards, alors que l'on méprise, »
Je me fusse aisément, dans ce léger revers,
Consolé par l'orgueil de trouver un beau vers.
Un père ne rit pas. Pourtant, je veux le dire :
Près de vous, j'aimerais à causer, à sourire :
Vous avez le cœur pur, vous avez la raison ;
La foi, toujours de prix et toujours de saison ;
Vous avez temps pour tout : votre fin badinage
Se tait, lorsqu'il convient de prendre un fier langage
Qui, sur un front souillé, rive un juste mépris ;
Entre nous, pas d'encens, mais je vous ai compris.
Si vous n'affectez point un orgueilleux délire,
Il n'en est pas moins vrai que Dieu tient votre lyre,

---

[1] *Le Cygne et les Canards*, t. III, fable 5.

Qu'il vous a dit lui-même, ô maître respecté,
De chanter la pudeur et la fidélité,
Le courage, l'amour, les lauriers et les roses,
Tous les parfums de l'âme et les plus saintes choses,
De crier à ce peuple, avide, affamé d'or,
Insensés, l'or n'est rien, je sais le vrai trésor.
Le Chêne séculaire, et le Lierre [1] fidèle,
L'Alouette [2], les Fleurs [3], la Goutte d'eau [4] si frêle,
Et si forte, quand Dieu la soutient dans les airs
« A l'aspect saisissant du vaste sein des mers ! »
Que j'aime ces tableaux, cette grâce touchante !
Sentiment ou pensée, images, tout m'enchante,
M'élève, m'attendrit ; ému, ravi, charmé,
Je vous suis jusqu'au ciel dans un air embaumé.

Loin de la terre, ami, prenez-moi sur vos ailes,
Fuyons, avec les fleurs et l'ange de ces belles,
Vers un séjour plus pur et plus récréatif,
Au-delà du *Soleil*, qui n'est pas *électif*.
Fuyons *les Charlatans* [1], les bavards, les paillasses,
Les flatteurs, les menteurs, tous les gens à grimaces,
L'innombrable tribu des fats et des pédants,
Qui brillent au dehors, qui sont creux au dedans.
Loin des méchants, fuyons ; fuyons les sales pattes
« Des loups moitié guerriers et moitié diplomates ; »
Elevons-nous si haut que nous ne puissions voir
L'*Araignée* [2] attendant sa proie en un coin noir,
Ni l'ennemi rampant des jeunes fleurs écloses,
Le hideux *Limaçon* [3] qui fait mourir les roses.
Mélodieux oiseaux, dont les douces chansons
Versent du haut des cieux de sublimes leçons,

[1] Fables de l'auteur, t. I et II.

Venez, vous chérissez votre aimable interprète,
Il prend vers vous l'essor, saluez le poète ;
Escortez, avec moi, votre chantre charmant,
Papillons vêtus d'or, d'azur, de diamant.
Douce reine des fleurs, chaste *Rose mousseuse*[1],
Viens respirer la paix d'une atmosphère heureuse,
Viens mêler tes parfums à la suavité
De la voix qui là-haut redira ta beauté !
Mon maître, c'en est fait, au-dessus des nuages,
Les oiseaux et les fleurs échappent aux orages.
Près de vous, le silence ; alors vers l'Eternel,
S'élève un hymne pur qui réjouit le ciel ;
J'entends avec amour, j'écoute avec ivresse
Le chant simple et naïf de l'âme pécheresse :
« Fais que je t'aime seul et que je t'aime bien,
» Auprès de ton amour, tout autre amour n'est rien[2]. »

Qu'il est doux d'habiter, avec celui qu'on aime,
Ces divines hauteurs que l'ignorant blasphème !
Soit qu'on nous voie, ou non, d'en bas, sur ces sommets,
Nous y sommes, c'est bien, n'en descendons jamais.
J'y veux vivre avec vous, exempt d'inquiétude ;
Quels trésors, poésie, amitié, solitude !
Et, quand viendra pour nous le jour sans lendemain,
Vers le Dieu des bons cœurs, suivant même chemin,
Nous monterons tous deux ; vous, par votre mérite,
Moi... vous direz, ami, cet homme est de ma suite.

Constant Portelette.[3]

11 novembre 1858.

---

[1] Fable de l'auteur, t. II.
[2] *Méditations religieuses* de l'auteur.
[3] Membre de la Société impériale des Sciences, de l'Agriculture et des Arts de Lille.

LA RÉSIGNATION.

RONDEAU REDOUBLÉ.

« *Destin cruel, je te défie*
» *De me faire encor murmurer,*
» *Grâces à la philosophie,*
» *Tes coups sont aisés à parer.*
» *L'amitié, l'amour et la haine*
» *Me trouvent sans aucun désir;*
» *Je ne crains plus aucune peine*
» *Et n'attends plus aucun plaisir.* »

Merci de ta persévérance,
Mon cœur lui doit sa fermeté,
Sa force et son indépendance,
Et son courage, et sa fierté;
Sous tes coups je me fortifie,
Et ma voix aime à proférer :
« *Destin cruel je te défie*
» *De me faire encor murmurer.* »

Je ne vois plus en ta colère,
Qu'un flot poussé contre un rocher;
De toute part son onde amère
Le bat, mais ne peut l'arracher;
Je suis le rocher qui défie
Ce flot, et le voit expirer;
« *Grâces à la philosophie,*
« *Tes coups sont aisés à parer.* »

Amis, de ma première enfance
Vous pouvez me fuir, me laisser,
Coquette et légère Clémence,
Un autre en vos bras peut passer ;
Je ne prendrai jamais la peine
De me plaindre ou de vous haïr,
« *L'amitié, l'amour et la haine*
» *Me trouvent sans aucun désir.* »

Ma barque a touché le rivage,
Je pourrai goûter du repos ;
Ne plus m'exposer au naufrage
Et braver la fureur des flots.
Mais du sort que me fait la haine,
Puisque défiant l'avenir,
« *Je ne crains plus aucune peine*
» *Et n'attends plus aucun plaisir.* »

LE MORT REVENU AU MONDE.

CONTE.

Je voudrais bien encor vous dire quelques fables,
    J'y trouvais un très-grand plaisir,

---

[1] Imité du roman de M. Amédée Achard, intitulé : *l'Ombre de Ludovic*.

Car pour ces fruits de mon loisir
Vous vous êtes montrés toujours si favorables !
Mais je l'avoue avec douleur,
Les beaux champs de l'allégorie
N'ont plus pour moi ni fruit ni fleur,
Et leur Muse me tient rigueur,
Bien que je l'aime encore avec idolâtrie !
Avec elle, autrefois, pourtant, j'étais au mieux ;
Mais elle est femme, et je suis vieux.
Pour me venger de la coupable,
Je jure donc...., autant que rimeur peut jurer,
Que pour toujours je renonce à la fable,
Et qu'au conte moral je m'en vais consacrer
Ce qui me reste au cœur de force et de vaillance,
A ma verve ce qui reste d'entrain ;
Plaise au ciel, mes amis, que votre bienveillance
Accompagne mes pas sur ce nouveau terrain.

Dans sa sagesse incomparable,
Le souverain maître des cieux
N'a peut-être rien fait de mieux
Dans son amour pour nous si grand, si secourable,
Que d'empêcher les morts de revenir ;
C'est pour cela surtout qu'il nous le faut bénir.
La Mort soumet à la plus rude épreuve
Les attachements d'ici-bas,
Et montre leur néant à chacun de ses pas,
S'il le fallait, ce conte en fournirait la preuve ;
Ecoutez :

Un jeune homme avait été doté
De tous les dons de la nature ;
Il avait charmante figure,
Une âme aimante, un cœur plein de bonté,

Et de plus, l'aveugle déesse,
Qui, dans ses mains, tient la richesse,
L'avait aussi pourvu de ce suprême bien,
Ce qui jamais ne gâte rien.
Aimé, chéri de toute sa famille
Dont il était le bienfaiteur;
D'une douce et charmante fille
Il allait recevoir et la main et le cœur
Et de l'hymen porter la douce chaîne;
Mais c'était là plus de félicité
Qu'il n'est permis à la nature humaine
De posséder en ce monde, où la peine
Est la seule réalité
Qu'au fond de toute chose on trouve en vérité.

Or, il advint que notre bon jeune homme,
Que Ludovic, c'est ainsi qu'on le nomme,
Pour enrichir et son frère et sa sœur
Et recueillir pour eux un immense héritage,
Recule, hélas! le jour de son bonheur
Et vole s'embarquer pour l'africaine plage;
C'est là, pour le frapper, que l'attendait le sort;
Perdu sous un ciel sans étoile,
Brisé par la tempête, éloigné de tout port,
Le vaisseau sans mât et sans voile
Sombre, et nul n'échappe à la mort.

Je n'ai pas besoin de vous dire
Que la douleur monta jusqu'au délire
Chez le frère et la sœur de ce bon Ludovic;
Sa fiancée au sein d'albâtre
Voulait, nouvelle Cléopâtre,
Mourir sous le dard d'un aspic;
Et sa nombreuse valetaille,

Dont il avait par testament
Récompensé le dévouement,
Réclamait à grands cris l'antique funéraille
Où les valets avaient l'honneur
D'être enterrés vivants près leur maître et seigneur.

Après trois mois de purgatoire,
L'âme de Ludovic monta vers l'Eternel,
Et témoin, des plaines du Ciel
Des regrets et des pleurs donnés à sa mémoire,
Il craignit, il trembla de voir tant de douleur
Tuer sa fiancée et son frère et sa sœur.
Alors il supplia saint Pierre
De le laisser revivre en sa forme première,
Pour empêcher un tel malheur.
Et refermant du Ciel la porte hospitalière,
Le céleste Gardien lui répond à l'instant :
 « Mon fils, par une insigne grâce,
 » Ici je conserve ta place,
» Tu la retrouveras, si tu n'es pas content
 » De cette grande expérience,
 » De ce retour à l'existence ;
 » Tu n'auras qu'à me requérir,
» Et tu pourras toujours, mon enfant, remourir. »
A ces mots, Ludovic se vit sur un rivage,
Ainsi qu'un naufragé rejeté par la mer,
Et dut six mois entiers errer de plage en plage
Avant de retrouver tout ce qui lui fut cher.

Mais enfin, un beau jour, notre Ludovic tombe
Dans son château comme une bombe.
Je vous laisse à penser l'effet que produisit
Un retour si cher, si subit.

Du salon jusqu'à la cuisine
Ce ne fut qu'un immense cri ;
Chacun courait, sautait comme un jeune cabri,
Témoignant une joie assez proche voisine
De la folie, et Ludovic heureux
Criait, courait et sautait avec eux.

Pourtant, de son retour, quand la première ivresse
Fut dissipée, et qu'il put à loisir
Examiner sa sœur, son frère et sa maîtresse,
Il crut voir sur leurs traits comme un vif déplaisir,
Un sentiment de gêne et de contrainte ;
Ce fut à son bonheur une mortelle atteinte ;
Et puis, un vague effroi, du Ciel secret avis,
Changea de son sommeil les pavots en soucis ;
Il lui semblait entendre une voix lamentable
Perçant le voile impénétrable
Qui nous dérobe l'avenir,
Lui crier : Ludovic ! pourquoi donc revenir ?

Le lendemain, le jour naissait à peine
Que Ludovic parcourait son domaine ;
Mais dès les premiers pas, il vit, ô désespoir !
Que les nouveaux propriétaires
Suivant des goûts aux siens contraires,
Avaient déjà partout fait acte de pouvoir !
« Monsieur, lui dit l'ouvrier-maître,
» Vous avez, je le vois, grand'peine à reconnaître
» Ce domaine ? En effet, depuis près de neuf mois
» Nous y travaillons sans relâche ;
» Et c'était une rude tâche
» Avec ce vieux manoir enterré dans les bois,
» De créer un château d'une rare élégance,

» D'un port majestueux, d'une noble apparence.
» Mais convenez, Monsieur, qu'il est bien des malheurs
    » Qui sont au fond de vrais bonheurs!
  » De ce château l'ancien propriétaire
» Périt dans un naufrage, et sa sœur et son frère,
    » Bien que frappés jusques au cœur,
  » Mais enrichis d'une fortune immense,
  » Vont contracter une double alliance
    » En épousant d'un grand seigneur,
    » L'une le fils, l'autre la fille,
» Et c'est pour honorer cette noble famille
  » Que du défunt nous ornons le château.
    » Pauvre défunt! Sa jeune fiancée,
    » Eprise d'un amour nouveau,
    » Aux bras d'un rival est passée! »

    En entendant ce fatal dénouement,
Le pauvre Ludovic pâlit affreusement,
Il se sent défaillir, une sueur mortelle
Découle de son front et sur son corps ruisselle,
    Mais notre implacable bavard
Continue en ces mots : « Si jamais, par hasard,
» Ce mort-là revenait, sur ses pas, je le jure,
    » Il entendrait plus d'un murmure,
» Car ceux dont son trépas vint embellir le sort,
» Se sont si bien trouvés de sa funeste mort ;
    » Laquais, portiers, cochers et cuisinières
» Sont devenus par lui si gros propriétaires
    » Qu'ils ne pourraient plus se plier
    » A reprendre le tablier.
» Et son frère, et sa sœur, mettez-vous à leur place ;
    » Croyez-vous qu'ils lui rendraient grâce
    » Pour venir souffler les flambeaux

» Qui-devaient éclairer des hymens aussi beaux ?
    » Et sa ci-devant fiancée,
  » La voyez-vous tremblante, embarrassée,
» Craignant de son amant, craignant de son époux
» Des reproches amers ou des soupçons jaloux. »

    De ce tableau, la triste ressemblance,
        De Ludovic perça le cœur;
Il vit qu'il ne pouvait reprendre l'existence
        Sans détruire, hélas! le bonheur
    De ces ingrats, que malgré tout il aime.
    Car Ludovic, c'était la bonté même.
        Alors, jetant les yeux au ciel,
        Il prie, il invoque saint Pierre
        Qui rappela son âme à l'Eternel,
Et laissa retomber son corps froid sur la terre.
« Eh! quoi! déjà, mon fils, dans nos célestes ports
» Vous revenez, » lui dit le prince des Apôtres?
— « Oh! oui, mon père, et je n'en veux plus d'autres;
» Ah! que les morts! que les morts sont bien morts!

. . . .
. . . .

Et plus bas; sur la terre, en relevant son corps,
        Serviteurs, amis, parents même
Disaient, tous agités d'inquiétude extrême :
Pourvu que cette fois Ludovic soit bien mort!

L'ARABE, LE SERPENT, LE PALMIER,
LA FONTAINE ET LE CHACAL,

CONTE IMITÉ DE L'ARABE.

D'une trop grande bonté d'âme,
Je vous l'ai déjà dit, parfois on se repent.

Certain jour, un Arabe aperçut un Serpent
    Qui ne pouvait franchir la flamme
De l'ardente prison où, pendant son sommeil,
On l'avait enfermé. Sans prendre aucun conseil
    De la plus vulgaire prudence,
    Et n'écoutant que son bon cœur,
    L'Arabe prend sa longue lance
Et la tend au captif qui s'y roule et s'élance
    Au cou de son libérateur,
    Non mû par la reconnaissance,
    Mais par son instinct destructeur.
L'homme en sentant cette mortelle étreinte
    Autour de son col s'enrouler,
S'écria : « Malheureux ! voudrais-tu m'étrangler ? »
    Le Serpent répondit sans feinte :
    Eh ! mon Dieu ! pourquoi pas ?
    N'est-ce point ainsi qu'ici-bas
» Vous payez les bienfaits ! L'affreuse ingratitude
» N'est-elle pas chez l'homme un péché d'habitude ?
» Consultons ce Palmier ; s'il trouve que j'ai tort,

» Je renonce aussitôt à vous donner la mort. »
Au Palmier donc il conta l'aventure;
Celui-ci réfléchit, et puis avec mesure
A l'homme il dit : « Le Serpent a raison,
« Vous êtes le tyran de toute la nature.
» Et méritez une bonne leçon.
» Ce matin l'un de vous, poursuivi par l'orage,
» Par la soif, la chaleur, trouva sous mon ombrage
» Un prompt remède à tous les maux
» Qui menaçaient son existence;
» Je m'attendais au moins à sa reconnaissance,
» Mais l'ingrat abattit de mes fruits les plus beaux
» Et fit manger par ses chameaux
» Mes feuilles, mes bourgeons et jusqu'à mon écorce
» Ah ! si j'en avais eu les moyens et la force,
» Quel bonheur, quel plaisir de lui donner la mor
» De lui rendre à mon tour torture pour tortur
» Mais je n'étais pas le plus fort!! »

L'homme se récria contre une telle injure
Contre un tel juge, et demanda
Qu'un autre fut choisi. Le Serpent l'accorda
Leur choix tomba sur la Fontaine
Dont le ruban boueux gisait sur le gazon.
Les griefs expliqués, de sa voix souterraine,
Elle dit à son tour : « Le Serpent a raison,
» Vous êtes le tyran de toute la nature
» Et méritez une bonne leçon.
» Hier une caravane, éprouvant la torture
» De la mortelle soif de ce sol malheureux,
» Vint dans mon eau limpide en éteindre les feux,
» Et des flancs desséchés de ses outres avides,
» Après avoir comblé les vides,

» Elle laissa fouler le doux lit de mes eaux,
» Mon sable fin et pur, par ses nombreux chameaux ;
» Vous voyez, mon ami, mon état déplorable.
» Ainsi les grands seigneurs de nos temps féodaux,
» Après s'être repus chez de pauvres vassaux,
   » Par leurs valets faisaient piller la table ;
» Serpent qui vous trouvez arbitre de son sort,
» Vengez-nous de l'ingrat en lui donnant la mort,
   » Ou craignez tout de son âme punique »

Un Chacal écoutait, il fut pris à témoin,
(Le Chacal, on le sait, est un renard d'Afrique ;
D'être aussi fin que lui le nôtre est encore loin.)
« Avant tout, leur dit-il, en prenant une pose,
» Un air, qui désignaient un avocat retors,
» Avant tout il faudrait, pour le bien de la cause,
» Me mettre sous les yeux exactement la chose ;
» En reprenant chacun votre place d'alors. »
Là-dessus le Serpent, sans nulle défiance,
Quitte le col de l'Homme et se pend à la lance,
Qui vient le déposer dans le cercle de feu
Où, sur un signe aussi prompt qu'énergique
        Que lui fit le Renard d'Afrique,
Et qui signifiait : finissez-en, morbleu !
        Cette fois notre homme le laisse
Périr sans nul secours. « Vous jouiez-là gros jeu,
   » Dit le Chacal, et, sans ma grande adresse,
» Vous y laissiez vos os. Ecoutez, mon ami,
   » Quand dans ses mains on tient son ennemi,
      » En avoir pitié c'est faiblesse. »

        On dit toujours que dans le mal
            (Voyez un peu la médisance),

On dit que l'homme, hélas ! ne craint aucun rival,
Et pourtant, jusqu'à l'évidence,
Ce conte vous prouve aujourd'hui
Qu'un chacal est plus fort que lui :
Bénissons-en la Providence.

MES ADIEUX A LA POÉSIE,

Lus dans un banquet donné le jour de ma prestation de serment comme Juge-de-Paix.

Pour la robe de magistrat
J'ai changé ce matin la brillante épaulette [1];
La métamorphose est complète,
Je suis méconnaissable en ce nouvel état;
A tel point que rentrant dans le modeste asile
Où quelquefois, gai troubadour,
J'évoque aux sons d'une lyre docile
Phébus, les Grâces et l'Amour,
J'entendis un bruit effroyable
Et vis, hélas ! qu'il provenait
D'un jeune essaim d'amours qui devant moi fuyait.
Alors je leur criai d'une voix lamentable :

[1] L'auteur était officier dans la garde nationale.

« Mes chers petits amours, ne vous effrayez pas
» Si je suis noir, tout noir du haut en bas ;
» A vos douces faveurs je puis encor prétendre,
» Sous une robe austère est souvent un cœur tendre. »

Mais je ne pus arrêter les peureux,
Ils partirent à tire d'aile,
Et bientôt la troupe infidèle
Disparut à mes yeux.

Ce n'est pas tout, de mes disgrâces,
Je ne faisais que commencer le cours ;
Pour les combler, je vis les Grâces
Suivre l'exemple des Amours.
Comme une belle au rendez-vous surprise
Par un autre que son amant,
D'une téméraire entreprise
Se garantit en se sauvant ;
Ainsi les Grâces à ma vue,
Éprouvant un soudain effroi,
A pas précipités passèrent devant moi.
En vain je leur criai d'une voix éperdue :
« Charmantes sœurs, ne vous effrayez pas,
» Si je suis noir, tout noir du haut en bas,
» A vos douces faveurs je puis encor prétendre,
» Sous une robe austère est souvent un cœur tendre. »

Mais, hélas ! il était trop tard ;
Je n'obtins rien ; pas un regard,
Et déjà leur fuite lointaine
Avait rendu ma plainte vaine ;
L'écho seul, l'écho l'entendit
Et tristement me le redit.

Phébus protégeait la retraite
De sa capricieuse cour,
Et je le vis s'éloigner à son tour,
Sans tenter près de lui l'effet d'une requête;
A quoi bon ?... Tout entier à mon nouvel état,
Je saurai supporter les devoirs qu'il m'impose;
Compulser, commenter les auteurs à rabat
Et d'encre noire emplir ma plume à l'eau de rose.
Je renonce au sacré vallon :
Je n'y briguerai plus ni lauriers, ni disgrâces;
D'ailleurs, sans l'Amour et les Grâces,
A quoi me servirait de garder Apollon ?

ÉPITRE

A Mlle JULIE ***

Sur sa pièce de vers intitulée : LA FEMME.

Eh ! quoi ! jusqu'au sacré vallon
Vous prétendez étendre votre empire,
Je le vois bien, pour charmer Apollon
Vous comptez sur ce doux sourire
Qui vous attache tous les cœurs.
Mais hélas ! ces attraits vainqueurs,

Permettez-moi de vous le dire,
Peut-être ne pourront suffire !
Apollon n'est pas un mortel
Qu'aisément vous puissiez séduire.
C'est un dieu, même un peu cruel,
Pourtant courez à son autel,
Couvrez-le de vœux et d'offrandes,
Faites fumer l'encens, suspendez des guirlandes.

Et je le vois du haut du ciel
Faire un bien doux accueil à toutes vos demandes,
Donner à votre nom un éclat immortel,
Et des poétiques légendes
Ouvrir pour l'y placer le livre solennel.
Que rien n'arrête plus votre fougueuse ivresse,
D'Apollon maintenant vous êtes la prêtresse,
Laissez-vous entraîner à de nouveaux exploits ;
Que votre luth encor frémisse sous vos doigts,
Il sait rendre des chants si pleins de hardiesse,
Qu'on croit entendre du Permesse
L'écho divin dans ses sons les plus doux
Arriver jusqu'à nous !
Allez, au plus haut du Parnasse
Votre début a marqué votre place ;
Osez encore, osez toujours
Chanter l'hymen et les amours ;
Les succès vous seront fidèles
Et bientôt les muses nouvelles,
Delphine, Ségalas, Desbordes et Tastus,
Compteront une sœur de plus.
De vos brillants succès en touchant une lyre,
Je ne fus point surpris ;
Dans vos destins futurs mon œil avait su lire,
Je les aurais prédits !

Vos charmes, vos vertus, votre aimable sagesse
Vous éloignait de nous, vous rapprochait des cieux ;
    Vous deviez, mortelle déesse,
    Parler le langage des dieux.

Des peines, des tourments que se donne un poète
Pour orner de lauriers ou sa tombe ou sa tête,
    Non, vous n'aurez pas à souffrir !
    Car les fleurs de la poésie,
    Déclarons-le sans jalousie,
    Aisément se laissent cueillir
    Par une main faite à ravir :
Phébus pour le beau sexe a cette courtoisie.

    Mais je ne puis ici vous le cacher,
Écoutez un ami qui tendrement vous aime :
Ces faveurs d'Apollon qu'on vous voit rechercher,
Ces faveurs qui pour vous semblent le bien suprême,
    A les demander, mon enfant,
    Il est plus d'un péril pourtant !
Il en est un surtout, je passe sur les autres,
Vous donnant ses faveurs, ah ! craignez que ce dieu
    Enflammé d'un terrestre feu,
    Ne vienne à demander les vôtres.

JEANNE.

BALLADE.

D'une jeune et pauvre orpheline,
Qui deviendra le protecteur,
Si ce n'est vous, vous, Monseigneur,
Que nous donna le Ciel dans sa bonté divine !
Je suis l'enfant d'un des vassaux
Attachés à votre domaine ;
Je compte mes seize ans à peine,
Et de la vie, hélas ! je connais tous les maux.

Dans ses derniers baisers, ma mère,
En me serrant contre son cœur,
M'a dit : Va, cours à Monseigneur,
Échappe à l'intendant, auteur de ta misère.
Déjà tu lui dois deux tombeaux,
Crains son amour comme sa haine !
Je compte mes seize ans à peine,
Et de la vie, hélas ! je connais tous les maux.

Le visage inondé de larmes,
Qu'elle était belle en sa douleur,
Si bien le sentit Monseigneur,
Qu'il conçut le dessein de ravir tant de charmes.
« Viens, ton sort sera des plus beaux
» Et tu ne diras plus, ma reine,
» Je compte mes seize ans à peine,
» Et de la vie, hélas ! je connais tous les maux. »

Le lendemain, Jeanne était morte.....
Depuis, chacun avec terreur
Dit qu'au château de Monseigneur
S'ébattent à grand bruit Satan et sa cohorte ;
Qu'un spectre affreux hurle ces mots
Toutes les nuits dans ce domaine :
Monseigneur, j'ai seize ans à peine,
Et de la vie, hélas ! je connais tous les maux.

LE VIEUX CORSE.

Là-bas tout au loin dans la plaine,
Vois-tu, mon fils, ce noir donjon ?
C'est le séjour d'un haut baron
Sans Dieu, sans foi, sans châtelaine ;
Un jour il enleva ta sœur,
Du berceau tu sortais à peine,
J'étais vieux, j'étouffais ma haine ;
Te voilà grand, sois mon vengeur.

Entre la mort et la souillure
La vierge ne balança pas,
Hélène choisit le trépas,
Son âme à Dieu remonta pure.
Mon fils, depuis ce jour mon cœur
Saigne d'une affreuse blessure ;

Prends pitié des maux que j'endure,
Te voilà grand ! sois mon vengeur.

Hier, à la fête du village,
Trois fois au tir tu fus vainqueur !
Ah ! j'en ai pleuré de bonheur,
De ma vengeance c'est le gage.
Mon fils, il faut venger ta sœur,
Il te faut effacer l'outrage
Fait à mon nom, fait à mon âge ;
Te voilà grand ! sois mon vengeur.

Le baron sort de son domaine,
L'aperçois-tu là-bas, mon fils ?
Il traverse son pont-levis,
Sous tes coups c'est Dieu qui l'amène.
Mort à l'infâme ravisseur !
Ces mots étaient finis à peine
Que le vil meurtrier d'Hélène
Tomba frappé d'un plomb vengeur.

LE ROI ET LA JEUNE FILLE.

Fillette, aux yeux si beaux,
Laisse là tes troupeaux,
Suis-moi dans mon domaine,
Je t'en fais souveraine ;

Je veux comme autrefois
Goûter ces jours prospères,
Où l'on voyait les rois
Épouser des bergères.
Viens, rends-moi ces beaux jours,
Rends-les moi pour toujours.

Je veux à ta beauté
Joindre la majesté,
Je veux d'un diadème
Embellir ce que j'aime,
Je veux....

Grand merci, Monseigneur,
Des champs la simple fleur
Au château ne peut plaire,
Que viendrait-elle y faire?
Si l'on a vu des rois
Épouser des bergères,
C'était bon autrefois
Au temps de nos grands'mères;
Mais, hélas! ces beaux jours
Nous ont fui pour toujours.

MA SOEUR.

STANCES.

Au moment de quitter la vie
Et sous les ombres du trépas,
Cédant à sa pieuse envie,
Ma sœur m'a répété tout bas :
« Là-haut, comme sur cette terre,
» Ton bonheur n'est-il pas le mien ?
» Si le Ciel le permet, mon frère,
» Je serai ton ange gardien. »

Depuis, jouet d'un doux mensonge,
J'ai cru l'entendre bien des fois,
La nuit, me répéter en songe
Ces mots de sa divine voix :
« Là-haut, comme sur cette terre,
» Ton bonheur n'est-il pas le mien ?
» Si le Ciel le permet, mon frère,
» Je serai ton ange gardien. »

Dieu l'a permis ! La nuit dernière,
J'ai vu ma sœur près de mon lit,
Son éclat blessait ma paupière.
« Frère, c'est moi, m'a-t-elle dit ;
» Là-haut, comme sur cette terre,
» Ton bonheur n'est-il pas le mien ?
» Dieu t'appelle et je viens, mon frère,
» Pour te servir d'ange gardien. »

CHANT GUERRIER

A L'OCCASION DE LA FÊTE COMMÉMORATIVE DU CINQUANTIÈME ANNIVERSAIRE
DU BOMBARDEMENT DE LILLE (1792), EXÉCUTÉ SUR LE
THÉATRE DE LILLE LE 8 OCTOBRE 1842.

Musique de M. Bécu (dit Bernon).

  Lillois, qu'avec fierté
  Chacun de vous s'écrie :
  Liberté ! liberté !
  Par toi, de la patrie
  Lille a bien mérité !
  Vive la liberté !
Vive, vive la liberté !!

Lorsque la colère des rois
Contre elle vomit leurs cohortes,
Quand de leurs cent canons la voix
Vint la sommer d'ouvrir ses portes,
Notre noble et fière Cité
Au monde, à l'Europe, à la France,
Prouva ce que peut la vaillance
Et l'amour de la liberté.
   Lillois, etc.

Nos canonniers, sur les remparts,
Debout et noircis par la poudre,
De l'aigle orgueilleux des Césars
Ont huit jours défié la foudre ;
Et quand la bombe et ses éclats

Réduisaient notre ville en cendre,
Pour la servir et la défendre
Tous nos pères étaient soldats.
    Lillois, etc.

Lorsque d'un cartel insolent
Notre ville reçoit l'injure,
» ANDRÉ s'écrie : *A son serment*
» *Nul ici ne sera parjure !!!* »
Le courage de toutes parts
Se montrait avec l'infortune ;
ANDRÉ veillait à la commune,
OVIGNEUR veillait aux remparts !
    Lillois, etc.

Au bruit des canons étrangers,
Nos voisins, nos amis, nos frères,
Viennent partager nos dangers
Et le triomphe de nos pères.
Lien de la fraternité,
Albert, devinant ta puissance,
S'enfuit, et le sol de la France
Te doit encor sa liberté.
    Lillois, etc.

Dieu ! que de boulets ! Par milliers
Albert les lança sur la ville,
Nous n'avons qu'eux pour prisonniers,
Car eux seuls sont entrés dans Lille.
Au foyer d'un feu dévorant
Que ce fer se torde et bouillonne
Et qu'il en sorte une colonne
En l'honneur du bombardement !

LA COLONNE DE LILLE,

CANTATE,

Musique de M. Ferdinand Lavainne,

CHANTÉE AU THÉATRE LE 8 OCTOBRE 1845, JOUR DE L'INAUGURATION DE LA COLONNE COMMÉMORATIVE DU BOMBARDEMENT DE LILLE (1792).

CHOEUR.

Pour la Cité chère au dieu Mars,
Pour la reine de la frontière,
Éclatez, musique guerrière,
Inclinez-vous, fiers étendards,
Tonnez, canons de nos remparts.

Que de calme, de fermeté !
Que d'énergie et de noblesse !
Quelle est cette fière déesse
Au maintien plein de majesté ?
C'est la spartiate cité !
C'est LILLE au jour de sa défense,
Et qui debout sur ses remparts
Arrête, pour sauver la France,
Le vol audacieux de l'aigle des Césars !
Sur ce marbre lisez sa réponse immortelle,
La menace des rois a doublé sa fierté,
C'est son arrêt de mort.... Mais que LILLE était belle
S'immolant pour la liberté !
Pour la Cité, etc.

Honneur à vous, braves Lillois,
Vous combattez cent contre mille,
A deux royaumes votre ville
Résiste.... et sait tout à la fois
Abaisser et vaincre deux rois!
Pleins de respect pour son courage,
Présentez vos armes, soldats,
LILLE mérite cet hommage,
Ses fils vous ont suivis dans vos nombreux combats!
Ses fils! ils reviendront au jour de la vengeance,
L'affront de Waterloo sur leur cœur est resté,
Ils reviendront mourir pour l'honneur de la France,
 Pour sa gloire et sa liberté!
  Pour la Cité, etc.

Dépouille tes habits de deuil,
Relève ta tête abattue,
LILLE, contemple ta statue,
De l'oubli ne crains plus l'écueil;
Frémis et de joie et d'orgueil!
Et vous tous, citoyens de LILLE,
Sur ces drapeaux étincelants,
Jurez que jamais dans la ville
L'ennemi n'entrera que sur vos corps sanglants!
Vous tiendrez ce serment, la France en a pour gage
La foi de vos aïeux, votre noble fierté,
Votre haine des fers, votre mâle courage,
 Votre amour de la liberté!

CANTATE

à l'occasion de l'inauguration du

MONUMENT ÉRIGÉ A NAPOLÉON Ier

DANS L'ENCEINTE DE LA BOURSE DE LILLE ;

Musique de M. Wattier,

Exécutée par Messieurs de l'UNION CHORALE, le 3 décembre 1854.

CHOEUR GÉNÉRAL.

Que les cent voix des sonores échos
Portent au loin le fruit de nos bravos,
Des fiers clairons et du bronze qui tonne,
Lille à ta gloire ajoute une couronne,
NAPOLÉON, le plus grand des héros,
Et des canons que tu pris à Bellone [1],
    Lille t'élève en ce beau jour
    Un monument de son amour !

1er SOLO (basse).

Napoléon plein de prestiges,
De grandeur, de gloire et d'éclat,
Empereur, consul ou soldat,
Nous étonne par ses prodiges !

---

[1] La statue de Napoléon est faite avec des canons pris à Austerlitz.

Dans ses puissantes mains il fit tout refleurir :
Les palmes des beaux-arts, les lauriers de la guerre ;
De son vaste génie il éclaira la terre
Que sa vaillante épée avait su conquérir !

CHOEUR.

Gloire aux héros, dressons-leur des autels ;
Rendons leurs noms à jamais immortels,
D'un saint amour entourons leur mémoire,
Inscrivons-les aux pages de l'histoire.

2e SOLO (ténor).

Sa voix conjura les orages
Et nous ramena les beaux temps ;
D'épis d'or se couvrent nos champs,
Sous un ciel pur et sans nuages.
Le commerce s'étend sur la terre et les mers,
Libre enfin l'industrie enfanta des miracles,
L'Éternel reparut dans ses saints tabernacles
Et la France devint reine de l'univers.

REPRISE DU CHOEUR : Gloire aux héros, etc.

3e SOLO (baryton).

Napoléon, à l'industrie,
Aux beaux-arts, aux nobles travaux,
Tu vins donner des jours nouveaux,
Un sol, des cieux, une patrie ;
Dans le progrès, poussé par des milliers de bras,
Le char de l'industrie est sorti de l'ornière,

Jetant autour de lui des gerbes de lumière,
Il marche depuis lors et ne s'arrête pas.

    Reprise du choeur : Gloire aux héros, etc.

        4e STROPHE (Duo, basse et ténor.)

    Descendant de l'illustre race
    Du grand Napoléon premier,
    Vous êtes son digne héritier,
    Vous marchez sur sa noble trace.
Vous nous avez sauvés ! Qu'eût fait de mieux son fils ?
Vous nous avez sauvés ! Pleins de reconnaissance,
Nous vous avons porté sur le trône de France ;
Une couronne est due à qui sauve un pays.

    Choeur général : Que les cent voix, etc.

A L'ARMÉE D'ORIENT.

SÉBASTOPOL.

CANTATE.

    O filles de mémoire !
Saisissez votre harpe d'or,
Et que l'hymne de la victoire
S'élève jusqu'aux cieux dans son sublime essor !

Ils ont hurlé leurs cris de guerre
Les sauvages enfants du Nord,
Le knout en main et sans effort
Ils pensaient conquérir la terre.
Le Danube est franchi !... Mais voyez-vous là-bas
Des soldats d'Orient l'oriflamme sanglante,
Ils volent...., à leur voix la foudre obéissante
Gronde, éclate, détruit et suit partout leurs pas !

   O filles, etc.

Jamais plus d'honneur ni de gloire
Ne fut conquis dans les combats ;
Ils ont vaincu tes fiers soldats
L'affreux géant de la mer Noire ;
Abrité par les monts, les rochers, les autans,
Il croyait éviter le choc de ta colère,
Mais tu le foudroyas des coups de ton tonnerre,
Comme on vit Jupiter foudroyer les Titans !

   O filles, etc.

Soldats d'Orient, ton courage
A terrassé l'aigle des czars,
De son aire en débris épars
Il fuit avec des cris de rage ;
SÉBASTOPOL n'a plus que des débris sanglants,
Entendez-vous le monde applaudir à sa chute ;
Turcs, Anglais et Français, cette immortelle lutte
D'un immortel laurier ceint vos fronts triomphants !

   O filles, etc.

LA PAIX,

CANTATE,

Musique de M. Ferdinand Lavainne,

EXÉCUTÉE PAR MM. LES ORPHÉONISTES DE LILLE, DANS LA SÉANCE SOLENNELLE
DE LA SOCIÉTÉ IMPÉRIALE DES SCIENCES, DE L'AGRICULTURE
ET DES ARTS DE LILLE, DU 3 AOUT 1856.

CHOEUR GÉNÉRAL.

Que le bruit des tambours, que les cris des clairons,
Que l'horrible fracas des mortiers, des canons,
    Pour longtemps, pour toujours se taisent;
    Peuples, que vos haines s'apaisent,
Et qu'enfin réunis, vos valeureux drapeaux
Au temple de la Paix soient portés en faisceaux.

1er SOLO.

    Ecoutez ces cris d'allégresse,
    Ces voix, ces chants harmonieux,
    La douce Paix descend des cieux
    Et nous sourit avec tendresse;
    Peuples, relevez ses autels,
    Couvrez-les de vœux et d'offrandes,
Faites fumer l'encens, suspendez des guirlandes,
Unissez-vous enfin par des nœuds fraternels.

CHOEUR.

C'est assez de combats, de gloire et de lauriers,
Que l'ange de la Paix étende au loin ses ailes
  Et qu'à l'aspect de ses palmes si belles
  Tombe le fer des mains de nos guerriers.

2e SOLO.

  Pour faire oublier son absence,
  Comme une mère à ses enfants
  Rapporte de riches présnts,
  La Paix nous verse l'abondance ;
  La paix pour tous, c'est le bonheur,
  La paix, c'est l'amour de la terre ;
Sous son paisible ciel tout renaît et prospère
Aux champs de la science, aux champs du laboureur.

CHOEUR.

C'est assez de combats, de gloire et de lauriers,
Que l'ange de la paix étende au loin ses ailes,
  Et qu'à l'aspect de ses palmes si belles
  Tombe le fer des mains de nos guerriers.

3e SOLO.

  Gage d'amour et d'espérance,
  Pour le présent et l'avenir,
  Bonheur qui ne doit plus finir,
  Un fils vient de naître à la France !
  La Paix entoure son berceau.
  Mais plus tard, si renaît la guerre,
Comme NAPOLÉON saisissant le tonnerre,
L'ennemi foudroyé tomberait de nouveau.

CHOEUR.

Mais assez de combats, de gloire et de lauriers,
Que l'ange de la paix étende au loin ses ailes,
 Et qu'à l'aspect de ses palmes si belles
 Tombe le fer des mains de nos guerriers.

CHOEUR GÉNÉRAL.

Que le bruit des tambours, que les cris des clairons,
Que l'horrible fracas des mortiers, des canons,
  Pour longtemps, pour toujours se taisent ;
  Peuples, que vos haines s'apaisent,
Et qu'enfin réunis vos valeureux drapeaux
Au temple de la Paix soient portés en faisceaux.

HYMNE
EN L'HONNEUR
DE NOTRE-DAME DE LA TREILLE,

Musique de M. Ferdinand Lavainne,

EXÉCUTÉ PAR MM. LES ORPHÉONISTES DE LILLE, LE 13 AVRIL 1856,
A L'OCCASION DE LA DISTRIBUTION DES RÉCOMPENSES
ACCORDÉES AUX ARCHITECTES LAURÉATS.

CHOEUR.

Que le chant grave et saint de l'hymne solennel
Avec des flots d'encens s'élève à l'Eternel,

Et que l'ange gardien de la Cité fidèle,
    En s'élançant vers le saint lieu,
    Prenne cet hymne sur son aile,
L'emporte et le dépose aux pieds mêmes de Dieu !

1er SOLO.

    Ce jour est l'un des plus prospères
      Qu'ait vus briller notre Cité;
      Avec bonheur, avec fierté,
LILLE met son salut dans la foi de ses pères.
      Elle se jette de nouveau
      Dans les bras ouverts de MARIE,
      Qui toujours, en mère chérie,
Sur ses futurs destins veilla dès son berceau.

CHOEUR.

Que le chant grave et saint, etc.

2e SOLO.

    Pour créer votre Basilique,
      On a fait appel aux beaux-arts,
      O MARIE !.... Et de toutes parts
Ils ont mis à vos pieds leur tribut magnifique !
      Vous montrez, en cet heureux jour,
      Que sous votre sainte influence
      Les arts, dans cette noble France,
Pour la religion sont encor pleins d'amour.

CHOEUR.

Que le chant grave et saint, etc.

3e SOLO.

O quel majestueux spectacle !...
Que de colonnes et d'arceaux !
Que de rosaces, de vitraux !
Que de lumière et d'or sur le saint tabernacle !!!
Que de symboles radieux
Debout sous la suprême voûte,
Vont marquer l'ineffable route
Que l'homme doit tenir pour monter jusqu'aux cieux !

CHOEUR.

Que le chant grave et saint, etc.

4e SOLO.

Des temples la sainte poussière
Fait naître des temples nouveaux,
Comme la cendre des héros
A de nouveaux héros vient ouvrir la carrière.
Sous le souffle puissant du Ciel,
Cette poussière est la semence
Qui s'élève en moisson immense
Quand vient le temps marqué par le doigt éternel.

CHOEUR.

Que le chant grave et saint, etc.

CANTATE

POUR LA FÊTE DE L'EMPEREUR,

Musique de M. Wattier,

CHANTÉE SUR LE THÉATRE DE LILLE LE 15 AOUT 1862.

CHOEUR.

Jusqu'à Napoléon puissiez-vous parvenir,
Retentissants échos de nos chants d'allégresse ;
Redites-lui qu'à Lille il se trouve sans cesse
Des voix pour le chanter, des cœurs pour le chérir.

1re STROPHE.

Dès ce matin, à l'aube renaissante,
De nos canons la voix retentissante,
Le bruit aigu de l'airain solennel,
L'encens sacré s'élevant de l'autel ;
Ces flots de peuple en ses habits de fête,
La joie au front et portant haut la tête,
Tout annonçait l'un de ces jours heureux,
Cher à nos cœurs, appelé par nos vœux,
L'un de ces jours où notre noble France,
Avec amour non moins qu'avec ardeur,
Peut librement payer à l'Empereur
    Sa dette de reconnaissance.

(CHOEUR).

2e STROPHE.

Ils ont repris leur marche triomphale,
Nos fiers soldats, sous l'aigle impériale,
Et déployant de son aile de fer
Toute l'ampleur, l'oiseau de Jupiter
Plane dans l'air. Une trace enflammée
S'étend bientôt sur toute la Crimée.
Le canon gronde, il fait trembler le sol,
Et sous ses coups tombe Sébastopol.
Sébastopol!! ô filles de mémoire,
Gravez ce nom sur vos tables d'airain,
Gravez ce nom, et que votre burin
  Lui donne une éternelle gloire.

(CHOEUR).

3e STROPHE.

A la valeur l'humanité s'allie!
De la Crimée aux champs de l'Italie,
Nos bataillons s'élancent tout armés
Au cri d'appel d'un peuple d'opprimés.
Ces vastes champs où s'éleva l'aurore,
De notre gloire électrisent encore
De nos soldats la belliqueuse ardeur;
Puis, pour leur Chef n'ont-ils pas l'Empereur,
Digne héritier d'un nom plein de prestiges.
A Magenta, puis à Solferino,
De Rivoli comme de Marengo,
  Il renouvelle les prodiges.

(CHOEUR).

TABLE.

FABLES	pages
Prologue	7
L'Industriel et le Joueur à la Bourse	11
Le Rossignol et le Critique	13
Le Chêne et le Lierre	15
Les Arbrisseaux et le Vieillard	16
Le Fermier, ses Enfants et les Oiseaux	17
Le Cerf et les Braconniers	19
Les Deux Pépiniéristes	20
Le Mendiant et l'Aumône	21
Les Deux Petits Chiens	22
L'Alouette	24
La Goutte d'Eau	25
Les Fleurs et le Nuage	26
L'Oranger	27
L'Oranger et le Lilas	27
La Lanterne et la Chandelle	28
Le Rossignol, l'Ane et le Poète	29
Les Branches et les Racines	30
La Fauvette et l'Amateur de jardin	32
La Rose mousseuse	34
L'Anon et le Chêne	35
La Chenille et le Ver-Luisant	36
Le Laboureur et les Pavots	37
Le Chardon et le Réséda	41
Les Deux Chiens	43
La Souris et le Chat	44
Le Ruisseau devenu Torrent	44
Les Arbres à fruits	46
Le Vigneron et le Raisin	46

	pages
Le Rocher d'aimant et le Vaisseau	47
Le Criminel et sa conscience	48
La Chandelle et la Lanterne	50
Le Hérisson et la Marmotte	52
Le Géant et le Nain	53
L'Abeille et le Papillon	54
Les Deux Ormeaux	56
L'Aigle et l'Escargot	57
Les Églantiers	58
L'Enfant et le Cerf-Volant	59

POÉSIES DIVERSES.

Les Saisons	63
Épître adressée à M. V. Delerue par M. Constant Portelette	69
La Résignation	74
Le Mort revenu au monde, conte	75
L'Arabe, le Serpent, le Palmier, la Fontaine et le Chacal, conte	82
Mes Adieux à la Poésie	85
Épître à Mlle Julie***	87
Jeanne, ballade	90
Le Vieux Corsa	91
Le Roi et la Jeune Fille	92
Ma Sœur, stances	94
Chant guerrier, à l'occasion du 50ᵉ anniversaire du bombardement de Lille	95
La Colonne de Lille, cantate	97
Cantate à l'occasion de l'inauguration du monument érigé à Napoléon Iᵉʳ	99
A l'Armée d'Orient	101
La Paix, cantate	103
Hymne à Notre-Dame de la Treille	
Cantate pour la Fête de l'Empereur	

www.ingramcontent.com/pod-product-compliance
Lightning Source LLC
Chambersburg PA
CBHW070529100426
42743CB00010B/2016